Neil

Sans frontières

9e

Academic Course, Grade 9

Fran Catenacci

Art Coulbeck

Robert Hart

Linda Hendry

Salwa Khouzam

Carolyn Muirhead

Jennifer Robertson

Michael Salvatori

Bryan Smith

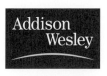

Addison Wesley

Une rubrique de Pearson Education Canada

Don Mills, Ontario – Reading, Massachusetts – Harlow, Angleterre – Glenview, Illinois – Melbourne, Australie

Sans frontières 9^e

Directrice de la recherche, du développement et du marketing : Hélène Goulet
Directrice de l'édition, cycle secondaire : Paula Goepfert
Directrice de la rédaction : Marie Turcotte
Chargées de projet : Laura Jones, Caroline Kloss, Andria Long
Production/Rédaction : Nadia Chapin, Marie Cliche, Tanjah Karvonen
Révisions linguistiques : Édouard Beniak, Pauline Cyr, Christiane Roguet
Coordonnatrice : Helen Luxton
Conception graphique : Pronk&Associates
Couverture : Pronk&Associates
Photographie : Ray Boudreau

Nous tenons à remercier tout particulièrement les enseignants, enseignantes, conseillers et conseillères pédagogiques pour leurs précieuses contributions à ce projet.

ISBN 0-201-68500-0

Imprimé au Canada

Ce livre est imprimé sur du papier sans acide.

  C D E F TCP 05 04 03 02 01 00

Sans frontières 9e

Révisions pédagogiques

Table des matières

Moi-même.com

Dans cette unité, tu vas...

Parler

- de ta personnalité et de tes intérêts;
- d'une journée idéale selon toi;
- des jeunes entrepreneurs.

Découvrir

- la personnalité de tes camarades de classe;
- le travail de quelques jeunes dans leur communauté.

Apprendre

- à utiliser des adjectifs irréguliers;
- à utiliser les verbes pronominaux;
- à utiliser des stratégies de lecture.

La tâche finale

Tu vas créer ta propre page Web qui comprend :

- une description de ta personnalité et de tes intérêts;
- la description d'une journée idéale ou horrible, selon toi;
- une publicité pour annoncer un service ou un produit de ton choix.

Allons-y!

Nous vous présentons Andrew et Solène. Écoute les jeunes parler. Quels sont leurs traits de caractère et leurs intérêts? Note-les à la page 6 de ton cahier.

CAHIER

As-tu un esprit créatif?

Es-tu une personne créative, aventureuse et spontanée? Ou es-tu quelqu'un de travailleur, de sérieux et de discipliné?

Lis les questions et les situations suivantes, et choisis la réponse qui correspond le mieux à ta personnalité. Note tes réponses sur une feuille de papier.

Avant de lire

- Aimes-tu dresser des listes de choses à faire? Ou préfères-tu compter sur ta mémoire?

- Est-ce que tu organises tes activités longtemps à l'avance ou à la dernière minute? Pourquoi?

- Penses-tu avoir un esprit créatif ou plutôt pratique? Justifie ton opinion.

1 Un samedi typique pour toi :

a) Tu essaies toute la journée de communiquer avec des extraterrestres sur Internet.

b) Tu fais la grasse matinée, tu parles au téléphone, puis tu rencontres tes amis au centre commercial.

c) Tu promènes le chien, tu fais tes devoirs et tu gardes ta petite sœur le soir.

2 Quels sont tes passe-temps préférés?

a) Écouter de la musique, regarder la télévision, jouer aux cartes avec tes camarades.

b) Ranger ta chambre, étudier à la bibliothèque, organiser ta collection de timbres.

c) Faire du parachutisme, jouer des cymbales dans un groupe punk, faire de la sculpture.

3 C'est ton anniversaire. Tes parents t'invitent au restaurant.

a) Tu choisis ton plat favori.

b) Tu commandes quelque chose que tu n'as jamais mangé.

c) Tu ne veux pas aller au restaurant. Tu préfères rester à la maison.

Il est midi à la cafétéria.

a) Tu manges très vite, puis tu fais tes devoirs.

b) Tu aimes circuler pour rencontrer d'autres élèves.

c) Tu aimes manger avec ton groupe.

 Tes amis disent que tu es :

a) une personne impulsive et aventureuse.

b) une personne gentille et généreuse.

c) une personne pratique et raisonnable.

 Ta grand-mère t'a donné de l'argent en cadeau.

a) Tu le dépenses immédiatement sans trop réfléchir.

b) Tu le mets à la banque.

c) Tu le gardes pendant une ou deux semaines, puis tu le dépenses.

7 Comment t'habilles-tu?

a) Tu portes des vêtements confortables.

b) Tu t'habilles pour faire sensation.

c) Tu t'habilles de la même façon que tes amis.

Comment calculer tes points

1. a – 3 b – 2 c = 1 **4.** a = 1 b = 3 c = 2 **6.** a = 3 b = 1 c = 2

2. a = 2 b = 1 c = 3 **5.** a = 3 b = 2 c = 1 **7.** a = 1 b = 3 c = 2

3. a = 2 b = 3 c = 1

Résultats

18-21 points

Tu es un jeune ultra-créatif et original. Attention, ta nature impulsive et spontanée peut te mettre dans des situations dangereuses!

13-17 points

Tu es un jeune typique, peut-être un peu conformiste. Vas-y! Prends des risques! Bon courage!

7-12 points

Tu es un jeune sérieux et analytique. Tu juges et évalues rapidement les dangers. Attention! Pour t'amuser un peu plus, il faut développer ta créativité.

As-tu compris?

Selon le test . . .

1. Que fait une personne sérieuse à midi à la cafétéria?

2. Quels sont les passe-temps préférés d'une personne créative?

3. Comment une personne impulsive dépense-t-elle son argent?

4. Que fait une personne sérieuse le samedi?

5. Comment s'habille une personne créative?

La personnalité et les prénoms

As-tu déjà réfléchi aux prénoms des gens que tu connais? Associes-tu certains traits de caractère aux prénoms? On dit qu'Émilie est une fille travailleuse, que Shannon est petite et intelligente et que Tracy est courageuse. David est plutôt sérieux, tandis que Kyle est beau et Alain est joyeux.

Dans certains pays, il existe des règles pour nommer les bébés. En Afrique, on peut nommer un bébé d'après sa place dans la famille. Sukoji, par exemple, veut dire «première fille née après un garçon». Les Amérindiens croient que le nom d'une personne reflète son âme. Ils donnent aux bébés des noms descriptifs comme Kijika, «il marche silencieusement».

Souvent, on donne aux prénoms une autre forme pour indiquer la familiarité ou l'affection. Les Anglais utilisent la première syllabe du nom (Benjamin devient Ben et Thomas devient Tom). Les Français, par contre, ajoutent une syllabe si le nom est court (Pierre devient Pierrot et Louise devient Louisette) ou ils gardent les dernières syllabes si le nom est plus long (Benjamin devient Jamin et Antoinette devient Toinette).

www.

Pour plus de renseignements sur les Info-cultures, visite notre site Web à :

www.pearsoned.ca/school/fsl

As-tu observé?

Les adjectifs irréguliers

1. Lis les descriptions de Andrew et de Solène.

Moi, je suis **créatif** et **sportif**. Mes amis disent que je suis **gentil** et **généreux**, et parfois un peu trop **sérieux** au sujet de ma musique!

Tara, mon amie, me dit toujours que je suis **gentille** et un peu trop **impulsive**. Je pense aussi que je suis **organisée**, **sportive** et **aventureuse**.

2. Pourquoi décrit-on Andrew comme sportif, avec **-if**? Et Solène comme sportive, avec **-ive**?

3. Quelle est la forme féminine des adjectifs qui se terminent en **-if**?

4. Quelle est la forme féminine des adjectifs qui se terminent en **-eux**?

5. Quelle est la forme féminine de l'adjectif **gentil**?

Application

Fais les changements indiqués aux phrases suivantes.

1. Manuel est sérieux et discipliné. (Marie...)

2. Mes sœurs sont coopératives, gentilles et honnêtes. (Mes frères...)

3. Cet artiste est très créatif. (Cette artiste...)

4. Ce jeune garçon est courageux mais impulsif. (Cette jeune fille...)

5. C'est une actrice très intuitive. (C'est un acteur...)

6. Mes amis sont très généreux et sensibles. (Mes amies...)

7. Mon chien est très actif et curieux. (Ma chienne...)

8. C'est un professeur gentil et patient. (C'est une professeure...)

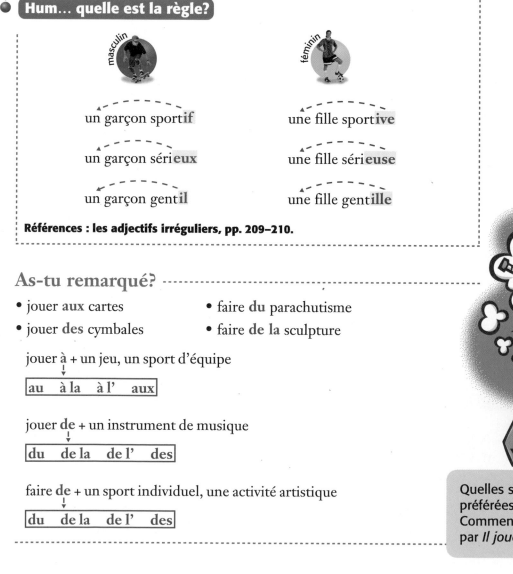

Hum... quelle est la règle?

masculin | féminin

un garçon sport**if** | une fille sport**ive**

un garçon séri**eux** | une fille séri**euse**

un garçon gent**il** | une fille gent**ille**

Références : les adjectifs irréguliers, pp. 209–210.

As-tu remarqué?

- jouer **aux** cartes
- jouer **des** cymbales
- faire **du** parachutisme
- faire **de la** sculpture

jouer **à** + un jeu, un sport d'équipe

| au | à la | à l' | aux |

jouer **de** + un instrument de musique

| du | de la | de l' | des |

faire **de** + un sport individuel, une activité artistique

| du | de la | de l' | des |

Quelles sont les activités préférées de Raj? Commence tes phrases par *Il joue* ou *Il fait...*

Activités

orales et écrites

1. Échange les résultats de ton test de personnalité aux pages 10–11 avec un ou une camarade de classe. Utilise les pages 10–11 de ton cahier pour interviewer ton ou ta partenaire. Ensuite, présente ton ou ta partenaire à la classe. Parle de ses traits de caractère et de ses intérêts.

2. Écoute la conversation de trois élèves qui parlent de leurs projets pour la fin de semaine. Prends des notes à la page 12 de ton cahier. Ensuite, à deux, décrivez la personnalité des trois élèves. Justifiez vos descriptions.

Attention! Pour te protéger (des personnes indésirables) n'ajoute pas tes coordonnées personnelles.

À la tâche

3. Ta page Web doit inclure une description de toi-même. Regarde le modèle ci-dessous. Rédige ta description. N'oublie pas d'inclure tes traits de caractère, tes passe-temps et tes autres intérêts.

Cette description personnelle fait partie de la tâche finale. Mets-la dans ton portfolio.

Avant d'écrire

Quand tu écris un texte, il faut :
- Noter et organiser tes idées.
- Écrire ton brouillon.
- Échanger ton brouillon avec un ou une camarade de classe. Sur le brouillon : commenter les idées, le contenu et le thème; chercher des fautes de grammaire, de vocabulaire, d'orthographe et de ponctuation.
- Réviser ton brouillon.
- Recopier ton texte.

Je m'appelle Sonja Parisé. J'ai 15 ans. Je suis aventureuse et sportive. J'aime faire des randonnées en montagne près de chez moi avec ma meilleure amie. Nous découvrons parfois des cavernes mystérieuses! Je suis aussi très patiente et j'adore les enfants. Souvent, pendant les fins de semaine, je garde les enfants de mes voisins. Je veux gagner de l'argent pour des leçons de planche à voile.

Vocabulaire utile

- actif, active
- aventureux, aventureuse
- créatif, créative
- généreux, généreuse
- gentil, gentille
- impulsif, impulsive
- sérieux, sérieuse
- sportif, sportive

N'oublie pas ton vocabulaire personnel dans ton cahier.

Écoute l'annonce de radio et prends note des éléments suivants :

- la station de radio;
- le nom du concours;
- le nombre de mots dans l'article;
- la date où se termine le concours;
- les deux façons de soumettre ta description.

Compare tes notes avec celles d'un(e) partenaire.

> Luc, un jeune de 15 ans, s'inscrit au concours. Voici sa description d'une journée idéale.

Une journée à mon goût!

Je me réveille à midi en écoutant ma chanson favorite à la radio. Ma mère crie du corridor : «Tu te lèves trop tard!» Comme ça m'énerve! Je reste au lit pour écouter un peu de musique, puis je me lève vers 12 h 30. Je vais ensuite à la salle de bains et, par miracle, elle n'est pas occupée! (Ma sœur aînée se maquille dans sa chambre.) Je m'assieds sur le bord de la baignoire et je me brosse les dents. Je me regarde dans le miroir et je prends une décision : je ne me peigne pas. J'aime ma coiffure punk! Dans ma chambre, je m'habille rapidement. Je mets un jean et mon t-shirt préféré. Je descends à la cuisine où je prépare mon déjeuner favori : de la pizza froide avec de la sauce barbecue!

L'après-midi, je fais de la planche à roulettes dans le parc. Il y a une foule de jolies filles qui me regardent faire des pirouettes sur ma planche. Je leur crie : «Vous vous amusez, les filles?» L'une d'elles me répond : «Tu te penses bien cool, non?» Plus tard, je rencontre mes amis au centre commercial où j'achète des chaussures de sport. À l'heure du souper, on va au cinéma pour regarder un bon film d'action. On s'amuse bien!

En retournant chez moi, j'achète des frites et un cola. Je rentre à la maison et je m'installe sur le sofa pour regarder mon émission de télévision préférée. Ma sœur entre dans le salon et nous nous battons pour la télécommande. À la fin, c'est moi qui gagne et elle me laisse tranquille! Avant de me coucher, j'écoute ma stéréo (je la mets à pleine force!) et mes parents ne se fâchent pas! Ils ne sont pas à la maison.

Je regarde ma montre. Il est une heure du matin! Je me lave le visage dans la salle de bains, puis je me déshabille et je m'endors avant même que ma tête tombe sur l'oreiller! Quelle belle journée!

As-tu compris?

Indique si les phrases suivantes sont vraies ou fausses. Corrige les phrases fausses.

1. Luc se lève à midi.

2. La sœur de Luc se maquille dans la salle de bains.

3. Luc s'habille rapidement.

4. Il met un jean et un chandail.

5. Luc et ses amis s'amusent au cinéma à l'heure du souper.

6. Luc et sa sœur se battent pour le sofa.

7. Les parents de Luc ne se fâchent pas parce qu'ils aiment la musique de Luc.

8. Luc se lave le visage à une heure du matin.

As-tu observé?

Les verbes pronominaux

1. Lis les phrases suivantes.

   a) **Je me réveille à midi.**

   b) **Je ne me peigne pas.**

   c) **Tu te lèves trop tard!**

   d) **Ma sœur aînée se maquille dans sa chambre.**

   e) **On s'amuse bien.**

   f) **Nous nous battons pour la télécommande.**

   g) **Vous vous amusez, les filles?**

   h) **Mes parents ne se fâchent pas.**

2. À quoi se réfèrent les mots en couleur?

3. Les mots **me**, **te**, **se**, **nous** et **vous** dans ces phrases s'appellent des pronoms réfléchis. Un pronom réfléchi se réfère toujours au sujet de la phrase.

4. Où est-ce qu'on place *ne... pas* pour former une phrase négative?

As-tu remarqué?

Je me brosse les dents.
Il se lave le visage.

Quand on parle d'une partie du corps, on utilise *le*, *la* ou *les*. Il ne faut pas utiliser l'adjectif possessif (*mon*, *ma* ou *mes*).

Je me lève vers 12 h 30.
Vous vous levez vers 12 h 30.

Le verbe *se lever* est irrégulier. Si tu entends le son *v* à la fin du verbe, il faut mettre un accent grave sur le premier *e*. Quelles autres formes de *se lever* prennent l'accent?

Références : les verbes pronominaux, p. 215.

Application

Pose les questions suivantes à ton ou ta partenaire.

1. À quelle heure est-ce que tu te lèves le lundi matin? le dimanche matin?

2. Est-ce que tu te brosses les dents avant ou après le déjeuner?

3. Quand tu sors avec tes amis, est-ce que tu t'habilles rapidement ou lentement? Qu'est-ce que tu mets?

4. À quelle heure est-ce que tu te couches le vendredi soir? le dimanche soir?

Hum… quelle est la règle?

Je **lave** mon **chien**.

Je me lave les cheveux.

Tu te laves les cheveux.

Il/Elle se lave les cheveux.

Nous nous lavons les cheveux.

Vous vous lavez les cheveux.

Ils/Elles se lavent les cheveux.

Références : les verbes pronominaux, p. 215.

Activités

orales et écrites

1. As-tu déjà fait un rêve où tout va mal? Écoute attentivement la conversation entre Sunita et Anne. Sunita décrit son rêve horrible. À deux, dressez une liste de tout ce qui arrive d'horrible dans le rêve.

2. En groupes, faites votre propre description d'une journée où tout va mal. En faisant le tour du groupe, chaque membre ajoute une phrase. Commencez par *«Je me lève à...»* Puis présentez votre description à la classe. À la fin de toutes les présentations, la classe vote pour choisir la pire journée.

3. À deux, préparez une entrevue sur la routine quotidienne d'un des sujets suivants : un extraterrestre, un ordinateur, un chat, un vampire ou un sujet de votre choix. Présentez votre entrevue à la classe.

● À la tâche

4. Tu connais maintenant la journée idéale de Luc. Pour toi, comment se déroule une journée idéale? À quelle heure est-ce que tu te lèves? Comment est-ce que tu t'habilles? Avec qui est-ce que tu passes la journée? Où est-ce que tu vas?

Attention! Si tu aimes mieux faire ta description d'une journée **horrible**, vas-y! C'est ton choix.

N'oublie pas les étapes à suivre quand on écrit un texte, à la page 15 de ton livre.

Cette description fait partie de la tâche finale. Mets-la dans ton portfolio.

● Vocabulaire utile

- s'amuser
- se brosser les dents
- se coucher
- s'habiller
- se laver le visage
- se lever
- se peigner les cheveux
- se réveiller

N'oublie pas ton vocabulaire personnel dans ton cahier.

Info-culture

La vie d'un jeune francophone

Trois jeunes d'autres pays francophones nous décrivent une journée typique de leur vie.

www.

Pour plus de renseignements sur les Info-cultures, visite notre site Web à :

www.pearsoned.ca/school/fsl

UN

Camille Dupont,
15 ans, Orléans, France

Comme petit déjeuner, je mange d'habitude des croissants. Puis je pars pour l'école qui commence à 8 h 30. À midi, on quitte l'école pour un déjeuner de deux heures en famille. C'est notre repas principal. Puis je retourne à l'école où on a des cours jusqu'à 17 h. (En France, on va à l'école les lundis, mardis, jeudis, vendredis et samedis matin.) On dîne vers 19 h 30. On mange de la soupe, des viandes froides et des fruits ou du yogourt comme dessert.

Jackson Ingabire,
16 ans, Kigali, Rwanda

Je me lève à 5 h. Je me baigne et je prends mon petit déjeuner. Je fais mes leçons jusqu'à 6 h 45, puis je pars pour l'école en taxi collectif. Les cours vont jusqu'à 16 h. Souvent, je reste à l'école pour jouer au foot. C'est ma passion! Je veux devenir footballeur professionnel.

Quynh Nguyen,
15 ans, Hanoï, Viêt-nam

Je me lève à 6 h 30. Mon petit déjeuner, c'est un bol de riz gluant. Les cours commencent à 7 h 30 et durent jusqu'à midi. L'après-midi, je suis des cours supplémentaires. Quand je rentre à la maison, je fais mes devoirs et j'aide à préparer le repas du soir. Je me couche vers 22 h. Comme passe-temps, j'aime nager, jouer au badminton et faire du shopping.

Sais-tu que les noms des repas varient d'un pays à l'autre?	les repas	la France, l'Afrique, l'Asie	le Canada, la Belgique, la Suisse
	matin	le petit déjeuner	le déjeuner
	midi	le déjeuner	le dîner
	soir	le dîner	le souper

Des jeunes entrepreneurs

Avant de lire

- Qu'est-ce que c'est qu'un entrepreneur ou une entrepreneure? Donne quelques exemples.

- As-tu un emploi à temps partiel? Si oui, que fais-tu? Sinon, comment gagnes-tu de l'argent?

- Fais-tu du bénévolat dans ta communauté? Si oui, que fais-tu?

Quand on entend le mot *entrepreneur(e)*, on pense aux hommes et aux femmes d'affaires qui ont créé de grandes entreprises, n'est-ce pas? Cependant, la plupart de ces personnes ont commencé très jeunes à vendre un produit ou à offrir un service simple. Voici quatre jeunes créatifs et travailleurs qui ont transformé des idées en réalité.

Annick et Raymond Qitsualik,
14 et 15 ans, bon appétit... et bon courage!

Chaque famille possède des recettes favorites qui sont passées d'une génération à l'autre — une bonne sauce à spaghetti piquante, la meilleure tarte à la rhubarbe ou des biscuits aux brisures de chocolat. Annick et Raymond Qitsualik ont une recette très originale qu'ils veulent offrir aux gastronomes : des cornichons au beurre d'arachide!

«C'est une vieille recette de famille… une recette secrète», explique Annick. Les cornichons au beurre d'arachide n'intéressent pas tout le monde, mais il y a bien des gens qui les aiment puisqu'Annick et Raymond vendent leur produit à succès depuis six mois. «Nous avons besoin d'autres personnes pour nous aider à préparer les cornichons. Nous avons trop de commandes», nous confie Raymond. Les cornichons au beurre d'arachide font fureur dans leur petit village au nord du Québec. Le prochain projet d'Annick et de Raymond : des cornichons cuits à la confiture aux framboises! À chacun son goût!

Hélène Bernier,
14 ans, services de jardinage

Hélène se lève à 7 h tous les samedis pour visiter ses clients réguliers, où elle doit tondre la pelouse en été, ramasser les feuilles en automne et pelleter la neige en hiver. Cette jeune entrepreneure ne refuse aucune demande. «Je fais mon possible pour plaire à mes clients», déclare Hélène. «Si je fais un bon travail, ils vont mentionner mon nom à quelqu'un d'autre. C'est de cette façon que mon entreprise grandit.»

Hélène offre ses services depuis deux ans. Elle gagne à peu près 35 dollars à chaque fin de semaine. «Je mets la moitié de l'argent à la banque et je dépense l'autre moitié pour mon passe-temps favori : les jeux vidéo!»

Laurent Joseph, 15 ans, bénévole

Chaque samedi matin, ce jeune homme a un rendez-vous très important. Laurent et son équipe d'animaux font de la thérapie à une résidence de gens âgés. Tout a commencé il y a un an quand Laurent et son chien Napoléon ont visité sa grand-mère au foyer où elle vivait. Les résidents du foyer se sont tellement amusés avec Napoléon que Laurent a eu l'idée d'organiser des visites régulières avec des animaux.

Maintenant, chaque fin de semaine, les résidents du foyer Bonséjour attendent avec impatience l'arrivée de Laurent et de ses invités à quatre pattes. «C'est idéal», explique Laurent. «Beaucoup de résidents souffrent de solitude, d'ennui et de dépression. Les animaux les stimulent, les font rire et profitent en même temps de l'exercice et de l'attention dont ils ont tellement besoin. Et en plus, moi aussi, je m'amuse!»

As-tu compris?

1. Quelle est la spécialité de la famille Qitsualik?

2. Où habitent Annick et Raymond?

3. Quel est le prochain projet de ces deux jeunes?

4. À quelle heure Hélène se lève-t-elle pour faire son travail en fin de semaine?

5. Pourquoi essaie-t-elle de plaire à ses clients?

6. Que fait-elle de l'argent qu'elle gagne?

7. Quelle sorte de travail bénévole fait Laurent?

8. Quels sont les avantages de ce travail pour les résidents du foyer? Pour les animaux? Et pour Laurent lui-même?

Les stratégies de lecture

Quand tu lis, n'arrête pas quand tu rencontres un mot ou une expression que tu ne connais pas. Continue à lire. Si tu trouves que c'est une expression nécessaire pour la compréhension, voici quelques stratégies à utiliser.

1. Les titres peuvent indiquer l'idée ou le thème principal du texte.

À quoi penses-tu quand tu vois les titres *Moi-même.com* et *La vie en vert* dans ce livre?

2. Trouve des mots qui ressemblent aux mots anglais.

Regardons les exemples dans l'annonce de la page suivante : *personne, attentive, responsable*. Peux-tu en trouver d'autres? Mais attention! Il y a des mots qui sont des «faux amis» : ils se ressemblent, mais leur sens est différent, comme librairie *(bookstore)*, sensible *(sensitive)*, rester *(to stay)*.

3. Regarde les photos, les illustrations et les autres éléments visuels. Ils peuvent t'aider à comprendre le texte global.

Comme exemple, regarde l'annonce à la page suivante. Les illustrations correspondent à quels mots dans l'annonce?

4. Consulter un dictionnaire.

Les mots suivants sont tirés de l'article écrit sur Laurent Joseph : bénévole, foyer, ennui. Cherche ces mots dans un dictionnaire et utilise chaque mot dans une phrase.

5. Utilise le contexte et la logique pour deviner le sens d'un mot ou d'une expression que tu ne connais pas.

Par exemple, quel est le sens de l'expression soulignée dans la phrase suivante : «Les cornichons au beurre d'arachide font fureur dans leur petit village au nord du Québec.»

6. Utilise des mots de même famille pour deviner le sens d'un mot.

Hélène Bernier dit : «C'est de cette façon que mon entreprise grandit.» Quel est le sens du mot *grandit*? (Tu sais que le mot est un verbe et tu connais le sens du mot *grand*.)

Attention!

On n'a pas besoin de comprendre tous les mots dans un texte! Il suffit de comprendre le sens général et les idées principales.

Activités

orales et écrites

1. Hélène Bernier cherche de nouveaux clients. Elle veut faire de la publicité. Crée une affiche pour annoncer son service : le nom de son entreprise, une liste de services spécifiques, les jours où elle est libre, ses prix, son numéro de téléphone. Réfère-toi au modèle au bas de la page.

Avant d'écrire

Quand tu prépares ton affiche ou ta publicité, il faut :
- Mettre le nom du service ou de la personne en gros caractères, en haut de la page. C'est l'information la plus importante.
- Écrire un texte court et simple. Tu peux ajouter un slogan.
- Ajouter de l'intérêt visuel (des photos, des dessins, des graphiques ou simplement de la couleur).
- Mettre le numéro de téléphone ou autres coordonnées (adresse électronique) au bas de la page.

Garde d'enfants Marie-Claire

Vous cherchez une personne attentive et responsable pour garder vos enfants? Appelez-moi!

Je suis une jeune fille de 14 ans, énergique et honnête. Je suis disponible les soirs de semaine et les samedis.

Activités que j'aime faire avec les enfants :

★ jeux et chansons   ★ lecture   ★ artisanat
★ sorties à la cour de récréation

PRIX :
3 $ l'heure (un enfant)
4 $ (deux enfants)
5 $ (plus de deux enfants)

Références disponibles
Téléphone : AMI-BÉBÉ
Partez l'esprit en paix!

2. a) À deux, préparez et présentez un dialogue au téléphone. Faites l'activité à la page 20 du cahier.

b) Maintenant, choisissez une des situations suivantes pour votre conversation téléphonique. Pour vous aider, suivez le modèle à la page 20 de votre cahier.

- Vous voulez engager Hélène pour faire du jardinage.
- Vous avez un chat, un lapin et un chien. Vous téléphonez à Laurent pour offrir vos services.
- Vous voulez commander des cornichons au beurre d'arachide.
- Une situation de votre choix.

À ton avis

«Être entrepreneur, c'est la vie idéale. On se lève à n'importe quelle heure. On n'a pas besoin de travailler fort, parce qu'on n'a pas de patron.» Discutez de cet énoncé. Êtes-vous d'accord? Justifiez votre opinion.

Avant de parler

Pour faire une bonne impression au téléphone, il faut :
- S'identifier.
- Expliquer la raison de l'appel.
- Être toujours poli. Utiliser «vous» pour s'adresser à la personne.
- Demander à la personne de répéter une information si l'on n'a pas bien compris.
- Avoir un crayon et du papier sous la main pour prendre les informations en note.
- Quand la personne qu'on appelle donne de l'information, on la répète pour s'assurer qu'on a bien compris.
- Parler fort et clairement en soignant sa prononciation.

À la tâche

3. Maintenant, crée un produit ou un service que tu vas annoncer sur ta page Web.

Veux-tu faire du bénévolat? Ou préfères-tu créer un produit original? Ensuite, crée une publicité pour annoncer ton produit ou ton service. Réfère-toi aux éléments d'une bonne publicité dans la section *Avant d'écrire* à la page 25 de ton livre.

Cette publicité fait partie de la tâche finale. Mets-la dans ton portfolio.

Vocabulaire utile

- un, une bénévole
- un entrepreneur, une entrepreneure
- offrir un service ou un produit
- une entreprise
- un projet

N'oublie pas ton vocabulaire personnel dans ton cahier.

Info-culture

Une affaire qui roule!

En 1996, Joey Miller, élève de 9ᵉ année en Colombie-Britannique, et son ami Thomas Litchfield s'amusaient avec le tricycle de la petite sœur de Joey. Quelques essais de sauts à 180 ° et de *bunny hops* déchaînés ont fini par détruire le tricycle. L'idée d'inventer un nouveau vélo pour adolescents, le *tryke*, est née. Après vingt prototypes et 300 heures d'essai, le *tryke* a vu le jour. Ce tricycle, sans siège ni pédales, a fait fureur quand on l'a lancé à l'Exposition internationale de la bicyclette en 1997 aux États-Unis. Aujourd'hui, *Tryke Industries*, une entreprise fondée par Joey et des membres de sa famille, fait des affaires d'or. Visite leur site Web. Joey développe en ce moment un prototype (avec frein) pour faire du *tryking* alpin. Peut-être qu'un jour le *tryking* fera partie des Jeux extrêmes en Californie!

Militante pour les sans-abri

L'adolescence est une période difficile, mais pour une jeune sans-abri de quinze ans, la vie à Calgary était encore plus compliquée. À cet âge, Adrienne Pan allait d'une impasse à l'autre dans sa route à travers le système de services sociaux créé pour la protection des enfants. Mais un jour, grâce à l'agence *Alberta Youth in Care and Custody*, Adrienne a appris qu'elle n'était pas seule, et que les adolescents sans-abri sont mal compris. Elle a décidé de combattre les stéréotypes en organisant des *raves* (eux aussi mal compris), afin de collecter des fonds pour différents organismes de charité, par exemple, *Food not Bombs* (organisme qui fournit des repas végétariens aux sans-abri) et *Four Worlds* (organisme qui aide les communautés autochtones).

Aujourd'hui, à dix-neuf ans, Adrienne a terminé son secondaire. Elle est une des 20 jeunes à mériter une bourse d'études de *Canada Trust* pour son rôle exceptionnel dans la communauté. «Je veux combattre le problème des jeunes sans-abri», dit-elle. «Ce sont les structures de base qu'il faut changer.»

www.
Pour plus de renseignements sur les Info-cultures, visite notre site Web à :

www.pearsoned.ca/school/fsl

La tâche finale

Tu crées ta page Web qui comprend :
• une description de ta personnalité et de tes intérêts;
• la description d'une journée idéale ou horrible, selon toi;
• une publicité pour annoncer un service ou un produit de ton choix.

Pour compléter la tâche finale :

● Est-ce que tu as écrit et révisé ta description personnelle? As-tu mentionné tes traits de caractère, tes intérêts et tes passe-temps? As-tu d'autres renseignements personnels à ajouter (un emploi à temps partiel, un travail bénévole, etc.)?

● As-tu écrit et révisé ta description d'une journée idéale ou horrible?

● Est-ce que tu as créé une publicité pour annoncer un service ou un produit original? N'oublie pas d'inclure le nom de ton produit ou service, des renseignements spécifiques (activités, prix, etc.), des photos ou des dessins et ton courriel.

● Est-ce que tu as rassemblé les parties de ta page Web dans l'ordinateur?

● Tu peux inclure une photo de toi-même ou un collage qui te représente.

Attention! N'oublie pas que ta publicité va faire partie de ta page Web, donc n'ajoute ni ton adresse, ni ton numéro de téléphone. Tu peux simplement écrire : «Cliquez ici pour me laisser un message.»

Cris et frissons

Dans cette unité, tu vas...

Parler

- des émissions et films à suspense;
- des éléments d'une soirée-mystère;
- des ordinateurs, des logiciels et des virus informatiques.

Découvrir

- les éléments d'un bon mystère;
- le célèbre personnage de bande dessinée, Tintin, le détective;
- le vocabulaire de l'informatique.

Apprendre

- à utiliser les verbes irréguliers au passé;
- à utiliser les verbes suivis d'une préposition et d'un infinitif;
- à écrire un paragraphe.

La tâche finale

Tu vas créer un jeu soirée-mystère. Le jeu comprend une invitation, une carte d'identité et un rapport policier oral.

Allons-y!

1. Quels morceaux vont ensemble? Associe les phrases aux images.
2. Ensuite, écoute la scène et mets les événements dans le bon ordre. Voilà! Tu as un résumé de la scène finale de l'émission à suspense *Cris et frissons*.

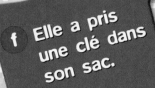

f Elle a pris une clé dans son sac.

b Elle a ouvert la porte.

d Elle a mis son sac sur la chaise.

c Elle a vu une silhouette mystérieuse derrière la porte.

e Elle a découvert des messages électroniques sur l'ordinateur.

a Elle a dit : «Non! Ce n'est pas possible!»

À suivre...

Groupe de

Avant de lire

- Quelles sont tes émissions ou films à suspense préférés?
- Quels éléments contribuent au suspense ou à l'intrigue dans un film?
- Quelle est ta réaction quand tu vois *À suivre...* sur l'écran à la fin d'une émission?

Saree et son amie Michelle regardent toutes les semaines leur émission favorite, *Cris et frissons*. Ce soir, après l'émission, les deux filles participent à un «groupe de discussion» sur Internet. Tout le monde est extrêmement frustré de ne pas connaître la conclusion de l'intrigue...

[Prends note! Le surnom Internet de Saree est Mlle S et celui de Michelle est Miche.]

```
Surnoms
Mlle S (Saree)
Bébête
Miche (Michelle)
Requin
Roméo
M. Masqué
M. Cool
```

Roméo : Que penses-tu de la fin?

M. Cool : Quelle fin? Quand j'ai vu *à suivre*... Comme ça m'énerve!

Roméo : Pendant cette dernière scène, j'avais si peur que j'ai fermé les yeux!

Miche : Quand Sonia a ouvert la porte, la salle était noire... Je n'ai pas bougé!

M. Cool : QUEL CRI!!! C'était effrayant! J'ai eu le souffle coupé...

Bébête : Quand elle a entendu le bruit, j'ai eu la chair de poule!

Mlle S : Puis, BOUM! L'épisode a fini comme ça, en nous laissant en suspens!

Miche : Alors, qui a créé le virus? Le principal suspect est...

Requin : Peut-être Fernand.

M. Masqué : Un instant... j'ai oublié... C'est qui, Fernand? J'ai vu seulement cet épisode.

Requin : Un expert en informatique. On a découvert des informations suspectes dans son ordinateur.

Bébête : Fernand veut contrôler la compagnie de logiciels... et il a fait fortune avec ses jeux électroniques.

discussion

Miche : Moi, je crois que c'est Mei. Elle a besoin d'argent parce qu'elle dépense beaucoup...

Requin : Et elle a mis un paquet mystérieux dans son tiroir.

M. Cool : Mais Réginald a besoin d'argent aussi...

M. Masqué : C'est assez compliqué, mais les personnages sont fascinants!

Miche : Oui, c'est vrai! Quelques-uns sont assez sympathiques...

Mlle S : Puis il y en a d'autres qui sont mystérieux ou un peu méchants...

Roméo : Et l'intrigue est très captivante.

Mlle S : Mais je veux la réponse TOUT DE SUITE!

Roméo : Patience, Mlle S!!! Il faut attendre...

As-tu compris?

1. Pourquoi les participants au groupe de discussion sont-ils frustrés ce soir?

2. Quel est le crime dans l'histoire *Cris et frissons*?

3. Selon les participants, qui sont les principaux suspects?

4. Comment justifient-ils leurs opinions?

5. Identifie les deux éléments qui rendent l'émission si populaire chez les jeunes.

À ton avis
Cris et frissons est le titre d'une émission à suspense. Trouve d'autres titres possibles pour ce type d'émission.

33

Le passé composé des verbes irréguliers 1

1. Lis les phrases suivantes.

A

a) J'ai **fermé** les yeux.

b) Je n'ai pas **bougé**.

c) Elle a **entendu** le bruit.

d) L'épisode a **fini** comme ça.

B

a) Sonia a **ouvert** la porte.

b) J'ai **eu** la chair de poule!

c) J'ai **vu** seulement cet épisode.

d) On a **découvert** des informations suspectes.

e) Il a **fait** fortune avec ses jeux électroniques.

f) Elle a **mis** un paquet mystérieux dans son tiroir.

g) Elle a **dit** : «Non! Ce n'est pas possible!»

2. Qu'est-ce qui indique que ces phrases sont au passé?

3. Quels sont les infinitifs des verbes dans les phrases A? Ce sont quelles sortes de verbes : réguliers ou irréguliers?

4. Où est-ce qu'on place le *ne... pas* pour former une phrase négative?

5. Regarde les verbes dans les phrases B. Peux-tu nommer leurs infinitifs? Choisis parmi la liste suivante : *découvrir, mettre, ouvrir, voir, dire, avoir, faire.*

Application

Mets les phrases suivantes au *passé composé.* Attention! Est-ce un verbe régulier ou irrégulier?

1. J'ouvre la porte du sous-sol.

2. J'entends un bruit mystérieux.

3. Je vois une silhouette à la fenêtre.

4. Elle bouge.

5. Je découvre un grand trou dans la fenêtre.

6. J'ai la chair de poule!

7. Je choisis de courir aussi vite que possible!

Hum… quelle est la règle?

Il n'y a pas de règle pour les verbes irréguliers! Il faut simplement apprendre les participes passés de ces verbes.

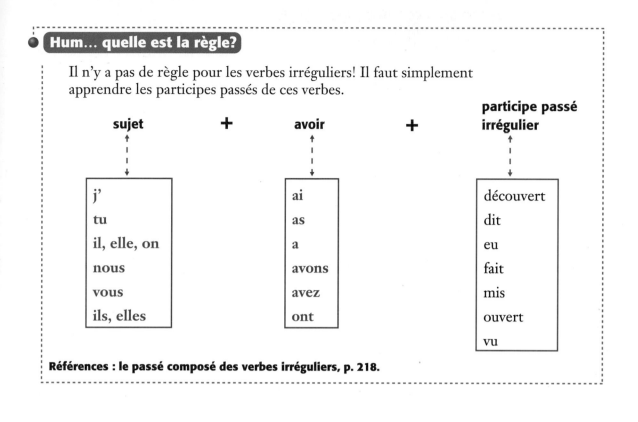

sujet	**+**	avoir	**+**	participe passé irrégulier
j'		ai		découvert
tu		as		dit
il, elle, on		a		eu
nous		avons		fait
vous		avez		mis
ils, elles		ont		ouvert
				vu

Références : le passé composé des verbes irréguliers, p. 218.

As-tu remarqué?

M. Cool : «C'**était** effrayant!»

Miche : «La salle **était** noire…»

1. Les jeunes parlent-ils au passé, au présent ou au futur?

2. Est-ce qu'ils indiquent une action ou une description?

3. Quel est l'infinitif du verbe en couleur?

Activités

orales et écrites

1. En groupes, dressez une liste des avantages et des inconvénients d'une série qui termine la saison par un épisode *À suivre*. Comparez votre liste à celle d'un autre groupe.

2. Deux jours après le dernier épisode de *Cris et frissons*, Saree téléphone à Michelle pour lui parler d'une soirée-mystère. Que faut-il faire pour organiser ce type de soirée? Écoute leur conversation et fais l'activité à la page 31 de ton cahier. Note les tâches à faire pour préparer une soirée-mystère. Puis compare tes notes à celles de ton ou ta partenaire.

3. Tu vas dresser une liste de crimes. Premièrement, fais l'activité aux pages 32–33 de ton cahier. Puis, en groupes de quatre, dressez une liste de crimes. Servez-vous d'un dictionnaire. Ajoutez ces mots à la liste de vocabulaire personnel dans votre cahier.

4. À deux, choisissez un crime dans votre liste pour votre soirée-mystère. Puis, inventez un dialogue où vous téléphonez à votre partenaire pour l'inviter à la soirée. Votre partenaire n'a jamais entendu parler de ce type de soirée. Il faut lui expliquer ce que c'est et lui préciser l'heure, le lieu, etc. Dites à votre partenaire que vous allez lui envoyer une invitation. Votre partenaire peut accepter ou refuser l'invitation. Pour vous aider, regardez les expressions ci-dessous.

Pour inviter quelqu'un...

- Je te téléphone pour t'inviter à...
- Si tu es libre, veux-tu venir à...?
- Tu veux venir à...?

Pour parler de la soirée-mystère...

- Qu'est-ce que c'est qu'une soirée-mystère?
- On imagine un crime, on joue le rôle d'un suspect, on écoute les faits, on essaie de deviner qui est coupable.
- Décris le crime de la soirée-mystère.

Pour accepter ou refuser une invitation...

- Ça va être amusant.
- J'ai hâte d'y aller.
- Merci, mais je ne peux pas.
- Je regrette, mais je ne peux pas.
- Je ne sais pas.

Vocabulaire utile

- la conclusion
- les indices
- le motif
- le crime
- l'intrigue
- le suspect, la suspecte
- les faits
- le lieu du crime
- le suspense

N'oublie pas ton vocabulaire personnel dans ton cahier.

Avant de lire

CAHIER

- Connais-tu le vocabulaire de l'informatique? Fais l'activité à la page 34 de ton cahier.

- Pourquoi est-il nécessaire d'avoir des systèmes de sécurité dans les compagnies?

- Penses-tu que les méthodes suivantes sont efficaces pour se protéger contre le crime :
  - un chien de garde,
  - un gardien de sécurité,
  - une caméra de surveillance,
  - une carte d'entrée,
  - un mot de passe?

L'enquête policière

Cette scène fait partie du dernier épisode de *Cris et frissons*. Après la découverte du virus informatique, un inspecteur de police arrive dans les bureaux de Logi-clique, une compagnie qui produit des logiciels. Il rencontre Cyrille St-Denis, le chef de la sécurité.

L'inspecteur : Bonjour, M. St-Denis. Je suis l'inspecteur Case.

Cyrille : (*calmement, poliment*) Bonjour, monsieur l'inspecteur. Bienvenue à Logi-clique. Asseyez-vous.

L'inspecteur : Merci. Votre système de surveillance est très impressionnant. Est-ce qu'il y a une caméra vidéo dans chaque bureau de la compagnie?

Cyrille : (*d'un ton confiant*) Oui, la sécurité est essentielle ici. Nos logiciels sont précieux. Alors, ces caméras peuvent les protéger contre le vol. J'ai été très surpris quand vous m'avez téléphoné. Qu'est-ce qu'il y a?

L'inspecteur : Vous avez sans doute lu dans le journal qu'il y a eu un vol à la banque Lambert la semaine dernière?

Cyrille : Bien sûr. Mais les journaux n'ont pas donné beaucoup de détails.

L'inspecteur : Nous ne savons pas grand-chose. L'ordinateur central de la banque a pris environ cinq dollars dans chaque compte de tous les clients de la banque.

Cyrille : Et les clients n'ont pas remarqué...?

L'inspecteur : (*se dirige vers les écrans et les regarde tout en parlant*) Oui, après un certain temps... Les clients n'ont pas compris la raison de ces débits et ils ont commencé à appeler le directeur de la banque pour demander des explications. Après vérification, il a découvert un problème : le système a mis tout l'argent dans un compte personnel au nom de M. Clément Valence.

Cyrille : (*d'un ton surpris*) Il y a des milliers de comptes à la banque! Le total doit représenter une fortune!

L'inspecteur : (*hoche la tête*) Vous avez raison. Le directeur a essayé de trouver la source du problème, mais en vain. Il a dû fermer tout le réseau interne de la banque pour résoudre le problème.

Cyrille : Alors, quel était le problème? Une erreur du système?

L'inspecteur : Non, les techniciens ont trouvé un virus. Ils ont éliminé le virus, puis ils ont redémarré le système.

Cyrille : (*en riant*) Et M. Valence? Il a dû être surpris quand il a vu son compte!

L'inspecteur : Non, c'est le directeur de la banque qui a eu le plus grand choc. Au moment où les techniciens ont redémarré l'ordinateur, tout l'argent a disparu du compte de M. Valence. Environ cinq millions de dollars... évaporés!

Cyrille : (*secoue la tête*) C'est incroyable!

L'inspecteur : Ensuite, nous avons essayé de téléphoner à M. Valence... sans succès. Enfin, nous sommes allés à son appartement... Imaginez notre surprise : l'appartement n'existe pas et M. Valence non plus!

Cyrille : (*perplexe*) Mais, alors... pourquoi êtes-vous venu ici?

L'inspecteur : Parce que le virus qui a infecté l'ordinateur de la banque vient de Logi-clique.

As-tu compris?

1. Quel est le travail de Cyrille St-Denis chez Logi-clique?

2. Pourquoi son travail est-il si important?

3. Qu'est-ce qui s'est passé la semaine dernière à la banque Lambert?

4. Qu'est-ce que l'ordinateur central de la banque a fait?

5. Pourquoi est-ce que les clients de la banque ont téléphoné au directeur?

6. Où est-ce que l'ordinateur a mis l'argent?

7. Qu'est-ce que les techniciens ont fait? Qu'est-ce qui est arrivé après?

8. Qu'est-ce que les policiers ont essayé?

9. Qu'a-t-on découvert au sujet de M. Valence?

10. Pourquoi est-ce que les employés de Logi-clique sont des suspects?

As-tu observé?

Le passé composé des verbes irréguliers 2

1. Lis les phrases suivantes tirées de la conversation entre Cyrille
et l'inspecteur.

   a) J'**ai été** très surpris quand vous m'avez téléphoné.

   b) Vous **avez lu** dans le journal qu'il y a eu un vol?

   c) L'ordinateur central de la banque **a pris** environ cinq dollars
dans chaque compte.

   d) Les clients n'**ont** pas **compris** la raison de ces débits.

   e) Il **a découvert** un problème.

   f) Le système **a mis** tout l'argent dans un compte personnel.

   g) Il **a dû** être surpris quand il **a vu** son compte!

   h) Non, c'est le directeur de la banque qui **a eu** le plus grand choc.

   i) Tout l'argent **a disparu** du compte de M. Valence.

2. Regarde les verbes en couleur. Sont-ils réguliers ou irréguliers?
Comment le sais-tu?

3. Dans la liste suivante, choisis l'infinitif qui correspond à chaque verbe
en couleur.

comprendre	voir	avoir
découvrir	devoir	disparaître
lire	être	mettre
prendre		

4. *Découvert* est le participe passé du verbe *découvrir*. *Ouvrir* et *couvrir*
font partie de la même famille de verbes. Quels sont les participes
passés de ces verbes?

5. *Offrir* et *souffrir* font aussi partie de cette famille de verbes. Si le
participe passé d'*offrir* est *offert*, quel est le participe passé de *souffrir*?

6. *Pris* est le participe passé du verbe *prendre*. Quels sont les participes
passés des verbes *surprendre*, *apprendre*, *comprendre* et *reprendre*?

7. Si le participe passé de *mettre* est *mis*, quels sont les participes passés
de *commettre*, *admettre*, et *permettre*?

Application

Crée des phrases au *passé composé*.

1. Un voleur/offrir/un morceau de chocolat/au chien de garde.

2. Le voleur/couvrir/son visage/avec un masque.

3. Les voleurs/prendre/une recette de famille secrète.

4. Ils/commettre/le crime/en plein jour.

5. Les agents de police/apprendre/le vol/par message radio.

6. Nous/lire/la nouvelle/dans le journal.

Hum... quelle est la règle?

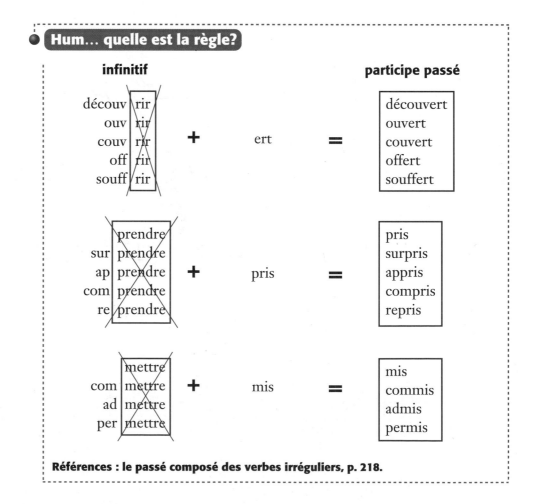

infinitif				participe passé
découv rir				découvert
ouv rir				ouvert
couv rir	**+**	ert	**=**	couvert
off rir				offert
souff rir				souffert

prendre				pris
sur prendre				surpris
ap prendre	**+**	pris	**=**	appris
com prendre				compris
re prendre				repris

mettre				mis
com mettre				commis
ad mettre	**+**	mis	**=**	admis
per mettre				permis

Références : le passé composé des verbes irréguliers, p. 218.

Activités

orales et écrites

1.  Écoute la conversation téléphonique entre Michelle et Saree. Saree a préparé une liste des faits entourant le crime, mais elle a fait quatre fautes. Réponds aux questions à la page 37 de ton cahier. Puis, identifie les fautes de Saree.

2. Quelqu'un a volé un énorme diamant dans un musée. À deux, préparez un dialogue entre un policier et le témoin du crime. Le témoin est la personne qui a vu le crime. Le policier lui pose des questions.

   Utilisez le tableau suivant pour composer les questions du policier. Composez aussi les réponses du témoin. N'oubliez pas de mettre les verbes au *passé composé*. Puis présentez votre dialogue à la classe.

Mots interrogatifs	Idées
Quels	- vous/ouvrir la porte du musée?
Qu'est-ce que	- vous/découvrir?
Quand	- la voleuse/commettre le crime?
À quelle heure	- vous/voir autre chose?
Est-ce que	- articles/disparaître?
Comment	- vous/voir la suspecte?
	- vous/faire?
	- la suspecte/prendre?

3. En groupes de quatre, vous allez organiser une soirée-mystère. Tout d'abord, il faut créer le scénario du crime. Vous avez déjà préparé une liste de crimes. Ensemble, choisissez **un** crime dans cette liste. Précisez les détails du crime. Puis, dressez la liste des quatre suspects principaux.

● À la tâche

4. Maintenant, tu vas créer une invitation pour ta soirée-mystère.

a) Tout d'abord, il faut écrire un paragraphe qui décrit le crime (où et quand le crime est arrivé, la victime, etc.). Ce paragraphe va apparaître dans ton invitation.

Écris un brouillon, corrige tes erreurs, vérifie ton travail avec un membre de ton groupe, puis révise ton brouillon et recopie ton texte. Attention! Avant d'écrire ton paragraphe, lis les renseignements à la page suivante.

b) Prépare ton invitation sur l'ordinateur et place-la dans ton portfolio. Pour t'aider, regarde le modèle suivant.

La couverture :
• le titre de la soirée-mystère
• la date
• le lieu
• l'heure

L'intérieur :
• le paragraphe qui décrit le crime

● Vocabulaire utile

• commettre
• découvrir
• disparaître
• faire
• mettre
• ouvrir
• prendre
• voir

N'oublie pas ton vocabulaire personnel dans ton cahier.

Comment écrire un paragraphe

Un paragraphe est un ensemble de phrases. Il communique une idée principale. Un paragraphe comprend trois parties :

- une phrase d'introduction;
- le corps du paragraphe (le développement);
- une phrase de conclusion.

La phrase d'introduction présente le sujet du paragraphe et capte l'intérêt des lecteurs.

Le corps du paragraphe comprend plusieurs phrases qui expliquent ou décrivent le sujet.

La phrase de conclusion peut rappeler aux lecteurs le sujet du paragraphe, ou poser une question qui les fait réfléchir.

La semaine dernière, cinq millions de dollars ont disparu à la Banque Lambert. À cause d'un virus informatique, l'ordinateur central de la banque a pris cinq dollars dans chaque compte. Le système a mis cet argent dans un compte au nom de monsieur Clément Valence. Les techniciens ont éliminé le virus. Mais quand on a redémarré le système, tout l'argent a disparu! Et le fameux M. Valence n'existe pas! On a découvert que le virus est venu de Logi-clique. C'est une compagnie qui se spécialise dans la création de logiciels. Quel employé de Logi-clique a commis ce crime informatique?

Quand tu écris un paragraphe, il faut...

- choisir un sujet, dans ce cas, le crime de ton groupe;
- donner des détails sur le sujet (qui? quand? où? quoi? pourquoi?);
- écrire un brouillon en mettant tes idées dans le bon ordre (introduis le sujet dans la première phrase, explique le sujet dans le développement et résume le tout dans la dernière phrase);
- réviser ton brouillon. Est-ce que tes phrases sont claires et dans le bon ordre? As-tu besoin de donner d'autres détails?

DEUX

Saree, la détective

Saree, grande fanatique de *Cris et frissons*, essaie de deviner la fin de l'intrigue. Elle a regardé encore une fois le dernier épisode sur vidéo. Puis, elle a pris des notes sur les principaux suspects qui travaillent à Logi-clique.

Avant de lire

- Nomme les personnages de *Cris et frissons* déjà mentionnés. Que sais-tu de ces personnages?
- Identifie quelques personnages sympathiques ou mystérieux dans des émissions de télévision ou des films.
- Quels sont les traits de caractère d'un personnage sympathique? Et d'un personnage mystérieux?

Cris et frissons – qui est le ou la coupable?

Réginald Chapin Directeur de la compagnie. Il connaît bien l'informatique et il a engagé de très bons programmeurs. Il est toujours poli avec ses employés. Il paraît qu'il manque d'argent et qu'il risque de perdre la compagnie. Il est très inquiet depuis quelque temps. Il a fait quelques voyages mais on ne connaît pas ses destinations.

Fernand Saussure Génie de l'informatique. Il est vaniteux et ambitieux. Il fait ce qu'il veut — il est rarement ponctuel. Il a dit qu'il voulait contrôler Logi-clique. Il n'aime pas les méthodes prudentes de Réginald. Il veut être plus agressif sur le marché. Il a développé <u>Bataille de Bay Street</u>, un jeu électronique très populaire qui a rapporté beaucoup d'argent à la compagnie.

Mei Wong Excellente programmeuse. Elle est intelligente, superficielle et vaniteuse. Son salaire n'est pas suffisant pour son style de vie. Elle achète impulsivement beaucoup d'articles très chers, par exemple une nouvelle voiture sport. Son travail consiste à vérifier et tester de nouveaux logiciels.

Sonia Hagan Intelligente et logique. C'est la meilleure programmeuse de Logi-clique. Elle est solitaire et réservée. Elle a travaillé avec Fernand sur plusieurs projets importants. C'est Fernand qui a eu tout le mérite parce que Sonia est introvertie. C'est une employée modèle, jamais en retard et travailleuse.

Manuel Martlnez Quand il a débuté chez Logi-clique, il était enthousiaste. Il a essayé de développer un nouveau logiciel, mais ses idées n'ont pas eu de succès. Il a perdu son enthousiasme. Il est triste depuis quelques semaines.

Cyrille St-Denis Gardien de sécurité depuis deux ans. Il prend son travail très au sérieux. Les employés disent qu'ils n'ont aucune vie privée parce qu'il les surveille tout le temps avec son système compliqué de caméras vidéo. Il semble brusque et plutôt désagréable.

As-tu compris?

1. Lis les descriptions suivantes. De quel personnage parle-t-on? Justifie ta réponse.

a) C'est une personne qui adore le luxe et dépense beaucoup d'argent.

b) C'est quelqu'un qui connaît tous les secrets des employés.

c) C'est une personne qui n'est pas satisfaite de son travail. Malgré ses efforts, ses idées ne sont pas appréciées.

d) C'est quelqu'un qui ne prend pas beaucoup de risques en affaires.

e) C'est la vedette de la compagnie. Ses produits ont eu beaucoup de succès.

f) C'est une personne modeste qui a beaucoup de talent mais qui ne cherche pas la gloire personnelle.

2. Note les caractéristiques des personnages (emploi, personnalité, etc.) à la page 28 de ton cahier.

CAHIER

Activités

orales et écrites

1. **a)** Regarde encore la description de Réginald à la page 44 du livre. C'est une description à la troisième personne (*il connaît*, *il est*, *il manque*, etc.). Maintenant, imagine que Réginald se décrit. Il faut mettre les verbes à la première personne, par exemple : «Je suis directeur de la compagnie. Je connais...»

   b) Quels autres mots est-ce qu'il faut changer pour faire une description à la première personne?

   c) Relis le paragraphe au sujet de Fernand. Récris-le à la première personne comme si c'est toi qui parles.

2. Imagine que l'inspecteur Case continue son entrevue avec Cyrille St-Denis. Il lui pose des questions au sujet d'un employé de Logi-clique. À deux, choisissez un personnage de *Cris et frissons* qui va être le sujet de l'entrevue. Puis, jouez les rôles de l'entrevue. Pour vous aider, vous pouvez utiliser les questions suivantes :

   — Qu'est-ce que (*nom de la personne*) fait chez Logi-clique?

   — Pouvez-vous décrire la personnalité de (*nom de la personne*)?

   — Est-ce qu'il y a d'autres renseignements personnels que vous pouvez me donner?

   — Avez-vous remarqué des changements dans sa personnalité récemment?

   Présentez votre entrevue à la classe.

3. Dans vos groupes de quatre, discutez des quatre suspects de votre soirée-mystère. Décrivez quelques aspects de leur personnalité et de leur vie.

● À la tâche

4. Chaque membre du groupe choisit un personnage différent et prépare une carte d'identité pour ce personnage. D'abord, il faut écrire une description de ce personnage à la première personne. Par exemple, *Je m'appelle Fred Smith. Je suis...* N'oublie pas de faire attention aux adjectifs et d'inclure les informations dont vous avez parlé en groupe. Tu peux aussi ajouter un secret intéressant.

Écris ton brouillon, corrige tes fautes, vérifie ta copie avec deux autres membres de ton groupe et avec le ou la prof. Puis, prépare ta carte d'identité et mets-la dans ton portfolio. Elle fait partie de la tâche finale.

As-tu remarqué?

Fernand est vanit**eux**, agress**if** et rarement ponctu**el**.

Mei est vanit**euse**, impuls**ive** et superfici**elle**.

Manuel a essayé de développer un **nouveau** logiciel.

Mei achète impulsivement beaucoup d'articles très chers, par exemple une **nouvelle** voiture sport.

Saree a utilisé plusieurs adjectifs dans sa description des personnages. Comme tu le sais, les adjectifs doivent s'accorder avec les noms qu'ils décrivent.

Vocabulaire utile

- agressif, agressive
- impulsif, impulsive
- nouveau, nouvelle
- superficiel, superficielle
- vaniteux, vaniteuse

- ambitieux, ambitieuse
- inquiet, inquiète
- ponctuel, ponctuelle
- travailleur, travailleuse

N'oublie pas ton vocabulaire personnel dans ton cahier.

Qu'est-ce qu'un virus informatique?

Un virus informatique est un programme qui peut se reproduire et infecter un autre programme ou système. Les virus informatiques ne sont pas un phénomène récent : ils existent depuis les années 80, mais ils sont de plus en plus nombreux de nos jours à cause de l'interconnexion mondiale des ordinateurs. Il existe environ 15 000 virus, et six nouveaux virus apparaissent chaque jour.

D'où vient un virus?

Un virus informatique ne se propage pas dans l'air comme une maladie contagieuse! Un virus peut venir d'un autre ordinateur, d'une disquette ou d'un message électronique.

N'accepte pas de cadeau d'un inconnu.

Comment peut-on se protéger contre les virus informatiques?

- Faites toujours des copies de sauvegarde de tout ce que vous ne voulez pas perdre.
- Portez attention à l'origine de vos logiciels. Évitez les logiciels piratés, téléchargés d'Internet ou les partagiciels (*shareware*).
- Avant d'installer un nouveau logiciel dans votre ordinateur, vérifiez-le à l'aide d'un logiciel antivirus.
- Faites attention à vos messages électroniques. Ouvrez seulement les documents ou les programmes que vous recevez de personnes que vous connaissez.

Quels sont les symptômes d'une infection?

Des changements inattendus peuvent indiquer que votre ordinateur est infecté : des messages d'erreurs bizarres, des fichiers qui disparaissent, un changement dans l'apparence d'un icône ou une réduction de la mémoire RAM de votre ordinateur.

www.

Pour plus de renseignements sur les Info-cultures, visite notre site Web à :

www.pearsoned.ca/school/fsl

Les indices révèlent...

- Quelles sortes d'indices sont les plus utiles pour la police? Pourquoi?
    - un bouton de chemise
    - une empreinte de soulier
    - une empreinte digitale
    - un cheveu
- Penses-tu que l'inspecteur de *Cris et frissons* va trouver ce type d'indices pendant ses recherches? Pourquoi?

Après sa rencontre avec Cyrille St-Denis, l'inspecteur Case a fermé à clé les portes de Logi-clique. Il est arrivé avec deux experts en systèmes pour chercher des indices. Son équipe a examiné les six bureaux de la compagnie. Les bureaux se trouvent le long d'un corridor, trois de chaque côté. L'inspecteur a enregistré ses actions sur microcassette et ensuite il a préparé son rapport.

Nous sommes arrivés à 8 h. Nous avons décidé de commencer par le bureau de Réginald, qui se trouve au bout du corridor, à droite. On a trouvé un message à côté de son ordinateur : *N'oubliez pas d'aller chercher vos billets d'avion à l'agence de voyages*. J'ai continué à chercher et j'ai vu une lettre dans son tiroir indiquant que la compagnie a de graves problèmes financiers.

N'oubliez pas d'aller chercher vos billets d'avion à l'agence de voyages.

À côté du bureau de Réginald se trouve le bureau de Mei. Sous le divan, j'ai découvert un stylo en or avec la lettre F gravée dessus. Dans un tiroir, j'ai trouvé un petit paquet enveloppé avec du papier d'emballage.

Ensuite, nous sommes entrés dans le bureau de Manuel, en face du bureau de Réginald. Sur l'écran de l'ordinateur de Manuel, on peut voir tous ses sites Web favoris. Manuel fait souvent ses transactions bancaires sur Internet. Le mois dernier, il a mis 10 000 $ dans son compte.

−	+
0	0
10 000 $	0
0	10 000 $

Puis, nous sommes allés dans le bureau de Fernand, à côté de celui de Manuel. Dans son agenda, j'ai lu ce message : lundi, 6 mai, M. Le Pin, banque Lambert, 13 h. On a aussi trouvé trois fichiers effacés sur le serveur central. On a essayé de récupérer les informations, mais sans succès.

Nous sommes arrivés dans le bureau de Sonia. Elle travaille à côté de Mei. Dans une petite bibliothèque, j'ai vu des copies de tous les logiciels de Logi-clique. En consultant son agenda, j'ai remarqué qu'elle travaille beaucoup avec Fernand. En plus, il y avait une note écrite en lettres majuscules : JE REFUSE DE COOPÉRER. JE DOIS PARLER À L'INSPECTEUR!!!

Finalement, nous avons visité le bureau de Cyrille, situé à l'entrée du corridor, à gauche. Au mur, des écrans montraient l'intérieur de tous les bureaux. Sur une étagère, il y avait une série de vidéocassettes. Chacune avait une date mais certaines manquaient. Je veux retrouver les cinq vidéocassettes qui ont disparu.

**Maintenant, il faut interroger le suspect principal.
Demain, on va commencer à interroger les amis du suspect.**

As-tu compris?

1. Vérifie si les phrases suivantes sont exactes. Corrige les fautes; transcris les phrases corrigées sur une feuille de papier.

a) Dans le bureau de Réginald, il y avait une lettre de son agent de voyages.

b) On a découvert un paquet dans le bureau de Mei.

c) L'an dernier, Manuel a mis 5 000 $ dans son compte bancaire.

d) Dans le bureau de Fernand, on a trouvé trois vidéocassettes.

e) Dans l'agenda de Sonia, il y avait une note mystérieuse.

f) On a découvert que Cyrille a une collection complète de vidéocassettes datées.

As-tu observé?

Les verbes suivis d'une préposition

1. Lis les phrases suivantes.

A

a) On **peut voir** tous ses sites Web favoris.

b) Je **dois parler** à l'inspecteur!!!

c) Je **veux retrouver** les cinq vidéocassettes qui ont disparu.

d) Il **faut interroger** le suspect principal.

B

a) Nous **avons décidé** de **commencer** par le bureau de Réginald.

b) N'**oubliez** pas d' **aller chercher** vos billets d'avion.

c) J'ai **continué** à **chercher**.

d) On a **essayé** de **récupérer** les informations.

e) Je **refuse** de **coopérer**.

f) Demain, on va **commencer** à **interroger** les amis du suspect.

2. Quelles sortes de mots sont en couleur?

3. Quelle est la forme des verbes en mauve?

4. Quels sont les infinitifs des verbes en rouge?

5. Regarde les phrases B. Quels mots précèdent les verbes en mauve?
C'est quelle sorte de mots?

Application

Écris des phrases complètes au présent. N'oublie pas d'ajouter une préposition **si c'est nécessaire**.

1. Elles/vouloir/partir vite.

2. Nous/devoir/attendre les policiers.

3. Tu/oublier/effacer les empreintes.

4. Je/essayer/trouver un indice.

5. Nous/continuer/examiner les indices.

6. Il/pouvoir/surveiller les bureaux de tous les employés.

7. Vous/commencer/écrire votre rapport.

8. Elle/refuser/dire la vérité.

Hum… quelle est la règle?

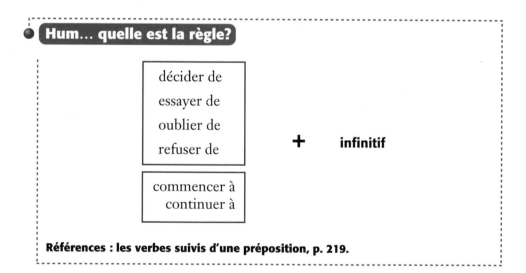

| décider de |
| essayer de |
| oublier de |
| refuser de |

+ **infinitif**

| commencer à |
| continuer à |

Références : les verbes suivis d'une préposition, p. 219.

As-tu remarqué?

Sur une étagère, il y **avait** une série de vidéocassettes. Chacune **avait** une date mais certaines **manquaient**.

1. Est-ce que les phrases sont au présent, au passé ou au futur?

2. Les verbes en couleur indiquent-ils une action ou une description?

3. Quels sont les infinitifs de ces verbes?

Activités
orales et écrites

 À DEUX

1. Sur une feuille de papier, dessine un plan des bureaux de Logi-clique. Sur le plan, indique qui travaille dans chaque bureau et les indices trouvés par l'équipe de l'inspecteur.

2. a) À deux, vous allez préparer et présenter une conversation entre l'inspecteur Case et un suspect de *Cris et frissons*. Tout d'abord, faites l'activité aux pages 46–47 de votre cahier, où l'inspecteur interroge Fernand.

b) Maintenant, choisissez un autre suspect et préparez un dialogue d'interrogation. Pour vous aider, référez-vous à l'interrogation de Fernand dans votre cahier. Utilisez les caractéristiques du suspect que vous avez notées à la page 28 de votre cahier.

3. À deux, examinez les séries d'indices ci-dessous. On a trouvé chaque série d'indices sur le lieu d'un crime. Imaginez le crime d'après ces indices. Référez-vous à l'exemple. Soyez imaginatifs! Ensuite, présentez votre description du crime à la classe.

Exemple :

Un bouton, une lettre, un flacon d'aspirines : Un criminel a essayé de voler un chien. Le chien a arraché un bouton de la chemise du voleur. Le voleur a donné une aspirine au chien pour le calmer. Puis, il a laissé une lettre demandant une rançon.

a) un bâton de hockey, une clé, une photo

b) une rose, une serviette, un miroir cassé

c) un livre de français, une casquette de baseball, un mouchoir

d) une disquette, un billet de vingt dollars, un biscuit pour chien

e) une boucle d'oreille, une feuille de laitue, un gant

DEUX

● À ton avis

Tu as maintenant beaucoup d'information sur le crime, les indices et les caractéristiques des suspects. D'après toi, qui a commis le crime dans *Cris et frissons*? Justifie ton opinion.

● À la tâche

4. Maintenant, imagine que tu es l'agent de police dans ta soirée-mystère. Prépare un rapport oral sur les indices que tu as trouvés sur le lieu du crime. Réfère-toi au rapport de l'inspecteur Case aux pages 49-50 de ton livre. Ce rapport fait partie de la tâche finale. Mets tes notes pour faire ce rapport dans ton portfolio.

● Vocabulaire utile

- découvrir
- les indices
- lire
- se trouver

- disparaître
- interroger
- le motif
- un suspect, une suspecte

- une empreinte
- le lieu du crime
- remarquer
- voir

N'oublie pas ton vocabulaire personnel dans ton cahier.

Tintin, le détective

Dans une demi-heure, nous serons à Eastdown...

Tintin est une célèbre série de bandes dessinées créée en 1929 par l'auteur et dessinateur belge Hergé. Le héros de la série est Tintin, un jeune journaliste qui voyage partout dans le monde. Il est toujours impliqué dans des affaires mystérieuses, comme la fabrication de fausse monnaie, une chasse au trésor, l'espionnage international et le lancement d'une fusée lunaire ultra-secrète.

La série *Tintin* comprend plus de 20 aventures traduites en 51 langues. On a même adapté deux de ces aventures pour le grand écran, et produit une série de dessins animés pour la télévision.

www.

Pour plus de renseignements sur les Info-cultures, visite notre site Web à :

www.pearsoned.ca/school/fsl

Tintin est un détective très intelligent et imaginatif. Avec son chien Milou, il lutte contre le mal et est toujours prêt à sauver des vies. Il préfère analyser la situation avant d'agir. Parmi les autres personnages importants, il faut mentionner le capitaine Haddock qui est l'ami dévoué de Tintin. Il y a aussi les deux détectives incompétents Dupond et Dupont, et le professeur Tournesol qui, à cause de sa surdité, comprend seulement la fin des phrases.

Tintin ne manque pas de qualités héroïques. Il a une facilité pour les langues, il possède une grande force physique et il peut conduire n'importe quel véhicule. Tintin est toujours en mouvement. À la fin de chaque épisode, on le voit partir en paquebot, en avion ou même en fusée!

La tâche finale

Maintenant, assemble les sections de la tâche finale pour créer un jeu soirée-mystère. Le jeu comprend :
• une invitation;
• une carte d'identité;
• un rapport de police oral sur le lieu du crime.

Pour compléter la tâche finale :

● Est-ce que ton invitation inclut un titre et une description du crime? As-tu utilisé l'ordinateur pour faire ta copie finale? As-tu ajouté des dessins, graphiques ou autres éléments visuels?

● As-tu écrit ta carte d'identité à la première personne? As-tu fait attention aux adjectifs? Maintenant, tu peux ajouter un dessin ou une photo de ton personnage. Tu peux même suggérer quelques vêtements appropriés pour ton personnage.

● As-tu révisé ton rapport sur le lieu du crime? Maintenant, tu peux enregistrer ton rapport sur cassette. Pour ajouter de l'intérêt, tu peux aussi ajouter un dessin du lieu du crime.

● Tu peux aussi créer une boîte pour mieux présenter toutes les composantes de ton jeu.

Les grands monstres

Dans cette unité, tu vas...

Parler

- des monstres dans les films et la littérature;
- des raisons pour lesquelles nous créons des monstres;
- des effets spéciaux dans les films de monstres.

Découvrir

- comment et pourquoi certains monstres sont nés.

Apprendre

- à utiliser le passé composé avec *être*;
- à faire un reportage.

La tâche finale

Tu es directeur ou directrice du marketing pour un studio de cinéma. Le studio a créé un film de monstres et tu dois préparer une trousse de publicité à l'intention des médias : stations de radio, chaînes de télévision et journaux.

Allons-y!

2

Écoute bien, puis identifie le monstre qui parle.

1

5

LES MONSTRES À TRAVERS LES SIÈCLES

Avant de lire

• Est-ce que tu as déjà vu les monstres des pages précédentes dans un film? Lequel? Quels autres monstres as-tu vus récemment au cinéma? Décris un monstre que tu as vu.

• Pourquoi est-ce que les films de monstres sont populaires?

Les histoires de monstres sont populaires depuis longtemps. Mary Shelley a écrit son célèbre roman *Frankenstein* en 1817 à l'âge de 19 ans. Elle a vu tous les changements causés par la révolution industrielle. Elle a décidé d'avertir le public de la nécessité d'imposer des limites à la science et à la technologie. Dans ce roman de science-fiction, le personnage principal, Victor Frankenstein, a créé un homme dans son laboratoire. Il a employé l'électricité contenue dans l'air pour l'animer. À la fin, le monstre s'est échappé et a détruit son inventeur.

C'est maintenant l'année 1931. Les studios de Hollywood cherchent à exploiter des effets spéciaux et surtout des effets sonores. Au studio Universal, on choisit le roman de Mary Shelley pour le scénario d'un nouveau film, *Frankenstein*. On construit le château du docteur et un laboratoire si fantastique qu'on le voit dans plusieurs autres films. Pour le rôle du monstre, le réalisateur choisit un acteur anglais qui a l'air terrifiant mais qui est vraiment très gentil et paisible : il s'appelle Boris Karloff. Pendant plus de quarante ans, on associe Boris Karloff à ce rôle. À la dernière minute, avant qu'on commence à tourner le film, le maquilleur en chef a une excellente idée : il décide de mettre des petits bouts de métal de chaque côté du cou du monstre. Voilà comment l'électricité contenue dans l'air va l'animer. Le pauvre Karloff doit passer des heures chaque jour dans la salle de maquillage.

Le film connaît un grand succès aux États-Unis, au Canada et en Europe, mais en Angleterre on le considère si terrifiant que les censeurs le bannissent.

- -

Godzilla est né au Japon en 1954, neuf ans après la destruction nucléaire des villes d'Hiroshima et de Nagasaki. Le cinéaste Tomoyuki Tanaka a créé un monstre qui a captivé le monde entier. À cette époque, les bombes nucléaires et les explosions dans l'océan Pacifique ont causé beaucoup de destruction. À cause de cela, Godzilla, une sorte de lézard gigantesque, est sorti de la terre, furieux. Il a tout détruit, mais on a finalement réussi à le tuer. (Cependant, pas pour longtemps! À cause de la popularité du premier film, le monstre Godzilla est sorti de nouveau après un an et a inspiré 21 films en tout.)

On a souvent vu Godzilla, ses amis et ses ennemis dans les cinémas du globe. Ces films sont presque toujours basés sur une réaction hostile aux expériences nucléaires; les Japonais, par exemple, avaient très peur d'une autre bombe atomique!

Le message des films comme *Frankenstein* et *Godzilla* est très clair : respectez la nature, ne jouez pas avec elle, car il y a des monstres destructifs qui dorment et qu'on ne veut pas réveiller!

En 1993, le cinéaste américain Steven Spielberg, avec toutes les ressources techniques de Hollywood, a créé un film basé sur le roman *Jurassic Park*. Dans cette histoire, un homme riche et ses employés font des expériences en génétique pour gagner de l'argent. Leurs travaux font naître des dinosaures. Ces reptiles gigantesques ne sont pas vraiment des monstres. Certains sont féroces et destructifs, mais c'est leur nature.

Ces tyrannosaures et vélociraptores sont des monstres des années 90 : la bombe nucléaire appartient au passé maintenant, mais le clonage, les expériences avec l'ADN et la génétique posent de grands problèmes aux scientifiques de l'avenir : y a-t-il des limites, et qu'est-ce qui va arriver si on les dépasse?

Chaque génération, alors, crée ses propres monstres.

As-tu compris?

1. Qu'est-ce qui a inspiré Mary Shelley à écrire *Frankenstein*?

2. Qu'est-ce qu'on a construit pour le film?

3. Quel éclair de génie le maquilleur en chef a-t-il eu?

4. Qu'est-ce qui anime Frankenstein?

5. Quand et où est-ce que Godzilla est né?

6. Selon Tomoyuki Tanaka, pourquoi est-ce que Godzilla est sorti de la terre?

7. Combien de films Godzilla a-t-il inspirés?

8. Pourquoi dit-on que les dinosaures de *Jurassic Park* ne sont pas des monstres?

9. Donne trois exemples d'interventions humaines contre la nature avec des conséquences catastrophiques.

10. Quelles expériences scientifiques inspirent les histoires de monstres aujourd'hui?

À ton avis

Les monstres ne sont pas tous destructifs. En fait, il y en a qui méritent notre sympathie. En petits groupes, discutez de cet énoncé.

As-tu observé?

Le passé composé avec être

1. Lis les phrases suivantes.

a) Godzilla **est né** au Japon en 1954.

b) Des bombes nucléaires **sont tombées** sur Hiroshima et Nagasaki.

c) La tarentule **est sortie** du désert.

d) Ann et Kong **sont montés** au sommet d'un grand bâtiment ensemble.

e) La jeune fille qui a vu le requin blanc samedi **n'est pas retournée** à la plage dimanche.

f) King Kong **est monté** au sommet d'un grand bâtiment.

g) Godzilla **est sorti** de la terre, furieux.

h) Il **est allé** à Tokyo.

2. Est-ce que ces phrases parlent du passé, du présent ou du futur?

3. Comment sont-elles différentes des phrases au passé que tu as déjà étudiées?

4. Quels changements y a-t-il quand le sujet du verbe est au féminin? au pluriel?

5. Où est-ce qu'on place «ne… pas» pour former une phrase à la forme négative?

Application

À deux, parlez pour les monstres en remplaçant le sujet par *je* :

1. Il est sorti du laboratoire, puis il est descendu au village.

2. Il est monté au sommet du plus grand bâtiment.

3. Il est tombé quand les avions ont attaqué.

4. Il est parti pour la forêt.

5. Il est tombé amoureux d'Ann.

6. Il n'est pas revenu à New York.

7. Il est mort à cause de l'attaque.

8. Il n'est pas venu de la lagune.

9. Il est allé à Tokyo.

10. Elle est sortie du désert.

• **le passé composé avec être**

être **+ participe passé =** passé composé

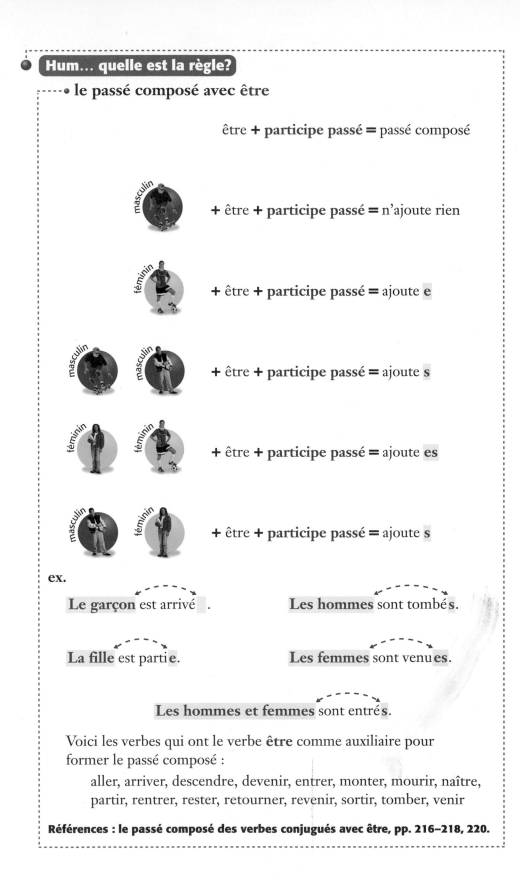

masculin + être **+ participe passé =** n'ajoute rien

féminin + être **+ participe passé =** ajoute **e**

masculin masculin + être **+ participe passé =** ajoute **s**

féminin féminin + être **+ participe passé =** ajoute **es**

masculin féminin + être **+ participe passé =** ajoute **s**

ex.

Le garçon est arrivé .   **Les hommes** sont tombé**s**.

La fille est parti**e**.   **Les femmes** sont venu**es**.

Les hommes et femmes sont entré**s**.

Voici les verbes qui ont le verbe **être** comme auxiliaire pour former le passé composé :

aller, arriver, descendre, devenir, entrer, monter, mourir, naître, partir, rentrer, rester, retourner, revenir, sortir, tomber, venir

Références : le passé composé des verbes conjugués avec être, pp. 216–218, 220.

Activités

orales et écrites

1. À deux, préparez et présentez un dialogue sur un des thèmes suivants. Lisez les suggestions pour commencer les conversations :

a) Tomoyuki Tanaka veut persuader son banquier que son idée pour Godzilla est bonne.

- Bonjour monsieur. Je pense que j'ai une très bonne idée pour un film de monstres.
- Mais M. Tanaka, pourquoi pensez-vous que le public s'intéresse aux monstres?

b) À la première de *Godzilla*, un reporter demande à M. Tanaka d'expliquer où il a trouvé son inspiration pour le film.

- M. Tanaka, voulez-vous expliquer où vous avez pris l'idée de *Godzilla*?
- Mon inspiration est la bombe atomique.
- Pouvez-vous expliquer comment?

c) Un reporter interviewe Mary Shelley à la télé au sujet de son roman *Frankenstein*.

- Bonjour, Mme Shelley. Parlez-nous un peu de votre roman.
- Bien, c'est l'histoire d'un scientifique qui dépasse les limites.

d) Tu expliques à un petit enfant pourquoi il ou elle ne peut pas regarder le film *Jurassic Park*.

- Moi aussi, je voudrais voir ce vidéo!
- Non, ce n'est pas pour toi. C'est trop effrayant.

2. En groupes, imaginez que vous allez faire un film sur un monstre destructif. D'abord, discutez des questions suivantes. Donnez vos opinions et justifiez-les. Ensuite, choisissez et écrivez les meilleures idées du groupe.

a) Comment s'appelle le monstre?

b) À quoi ressemble-t-il?

c) Est-ce qu'on le crée dans un laboratoire ou est-ce qu'il existe dans la nature?

d) Qu'est-ce qu'il veut détruire?

e) Comment va-t-on l'arrêter?

● **À ton avis**

Quels sont les éléments nécessaires d'un film dont le sujet est un monstre destructif?

● **Vocabulaire utile**

- destructif
- effrayant
- détruire
- énorme
- les écailles
- les griffes

N'oublie pas ton vocabulaire personnel dans ton cahier.

3. Regarde la bande dessinée, écoute les descriptions et réponds aux questions qui suivent.

LA VENGEANCE DE DRAGARA

a) Comment est-ce que le scientifique a causé l'éruption?

b) Qu'est-ce qu'on a vu dans la terre après l'éruption?

c) Qu'est-ce que les habitants de la région ont dû faire?

d) Où est-ce que le monstre est allé?

e) Qu'est-ce que le monstre a fait dans la ville de Kuatu?

f) Qu'est-ce que les avions ont fait?

g) Comment est-ce que le monstre est mort?

4. Le gouvernement a annoncé qu'un monstre va attaquer la ville et que personne n'a le temps de partir. Dans vos groupes, faites un remue-méninges pour répondre aux questions suivantes :

a) Qu'est-ce que tu vas faire?

b) Quelles possessions veux-tu sauver?

c) Qui vas-tu essayer d'aider?

d) Où vas-tu chercher refuge?

e) Quelles provisions vas-tu mettre de côté?

Présentez les idées du groupe à la classe.

Avant d'écrire

Quand on envoie un courriel (un message électronique),
• le message est court;
• on n'a pas besoin de signer le message;
• on n'a pas besoin de mettre la date;
• on n'a pas besoin de timbre ni d'enveloppe et c'est plus vite que la poste!

5. Imagine que tu es dans la ville de Kuatu quand le monstre attaque. Envoie un courriel à ta famille. Dans ton message,

a) décris la situation générale;

b) mentionne ce que tu as fait pour rester en sécurité;

c) fais une prédiction sur la fin de la situation.

6. En un paragraphe, compose une courte histoire qui accompagne la bande dessinée à la page 66 de ton livre. Sers-toi du passé composé dans ton paragraphe.

Avant d'écrire

Pour composer le sommaire d'un film, il faut :
• inclure le titre;
• choisir les personnages principaux et des personnages secondaires au besoin;
• créer une intrigue logique;
• créer une fin qui va plaire au public.

À la tâche

7. Tu viens de composer le sommaire d'une histoire. Maintenant, écris un sommaire de ton film de monstres. N'oublie pas de donner un titre à ton film. Ce sommaire est une des parties écrites de la tâche finale. Mets-le dans ton portfolio.

Vocabulaire utile

• attaquer   • arriver   • entrer
• mourir   • sortir   • tomber

N'oublie pas ton vocabulaire personnel dans ton cahier.

Info-culture

Les films de monstres sont très populaires partout dans le monde depuis 1931, l'année où le premier film de *Frankenstein* est paru au cinéma. Les Français aiment aussi ces films, mais les studios français ne tournent pas ce genre de production : ils se contentent de voir les monstres créés aux États-Unis ou au Japon.

www.
Pour plus de renseignements sur les Info-cultures, visite notre site Web à :

www.pearsoned.ca/school/fsl

La Bête

L'histoire de *La Belle et la Bête* a pris naissance en France au 17e siècle. Une sorcière a jeté un mauvais sort à un jeune prince beau et riche. Elle l'a transformé en bête quand il a refusé une de ses demandes. C'est l'amour et la sympathie de Belle qui l'ont retransformé en humain. Selon les habitants de la ville située près du château, la Bête est vraiment un monstre, mais en réalité, c'est une victime.

Quasimodo

L'écrivain français Victor Hugo a créé le personnage de Quasimodo dans son roman *Notre-Dame de Paris* en 1831. Comme chez la Bête, un public cruel et indifférent voit Quasimodo comme un monstre, seulement parce qu'il est différent. Quasimodo adore Esméralda, mais elle ne l'aime pas. Lui aussi est une victime.

- As-tu déjà vu le film *King Kong*? Va à la page 62 de ton cahier, et arrange les événements principaux du film en bon ordre pour faire un résumé logique du film.

- Maintenant, écoute une entrevue où un reporter parle à un des personnages du film. Suis les instructions à la page 63 de ton cahier.

VOYAGE DANGEREUX!

Le 24 octobre 1933

San Francisco

Ce matin, la célèbre vedette de cinéma, Carl Denham, est parti de San Francisco avec une équipe d'acteurs et de techniciens à destination de *Skull Island* dans l'océan Indien. On a l'intention de tourner un film d'aventures sur cette île mystérieuse qui n'a jamais été explorée ni même visitée. Denham a déclaré à notre reporter qu'il pense trouver là beaucoup de choses extraordinaires qui vont étonner le public. Il a parlé de sacrifices humains, de poissons préhistoriques et d'un certain Kong. Quand on lui a demandé d'être plus précis au sujet de Kong, Denham a indiqué qu'il faut être patient et attendre de voir le film.

As-tu compris?

1. Il y a trois erreurs dans l'article de journal qui n'existent pas dans l'entrevue que tu as entendue. Quelles sont ces trois erreurs? Écris-les sur une feuille de papier.

2. Pourquoi est-ce que Carl Denham a organisé un voyage à *Skull Island*?

3. Qu'est-ce qu'il pense y trouver?

4. Quelle indication y a-t-il que Carl Denham est aventureux?

5. Pourquoi est-ce que Denham n'a pas donné de description précise de Kong au reporter?

As-tu observé?

Comment faire un reportage

Quand on fait un reportage, il faut essayer de répondre à cinq questions : *qui? quand? où? quoi?* et *pourquoi?* Après avoir donné cette information de base, on peut ajouter d'autres détails pour rendre le reportage plus intéressant.

Quand tu lis un reportage, c'est utile de chercher les réponses à ces cinq questions pour savoir si tu comprends bien l'article. Relis l'article de journal à la page 70 de ton livre. Examine comment le reporter a utilisé ces cinq questions pour créer son article.

Les mots interrogatifs

Qui?

On a mentionné *Carl Denham* dans la première phrase, et on l'a identifié comme suit : *la célèbre vedette de cinéma.*
Remarque que c'est une des erreurs dans le reportage.

Quand?

L'article porte une date (*le 24 octobre 1933*) et le reporter a dit *ce matin,* donc nous savons exactement quand le reporter a parlé à Carl Denham.

Où?

L'article indique que c'est à *San Francisco.*

Quoi?

Les renseignements suivants expliquent ce que Denham a fait et pourquoi le reporter a écrit son reportage : *Carl Denham est parti de San Francisco avec une équipe d'acteurs et de techniciens. Leur destination était* Skull Island.

Pourquoi?

Denham a l'intention de tourner un film sur l'île mystérieuse.

Références : les mots interrogatifs, pp. 198–199.

Activités

orales et écrites

1. Examine l'affiche créée pour un film imaginaire à la page 73. Trouve les informations suivantes :

   - d'où le monstre est venu;
   - pourquoi il est sorti de son habitat naturel;
   - deux comparaisons avec d'autres monstres.

   Qu'est-ce que le service de publicité a fait pour attirer l'attention du public?

   À ton avis, à quel public est-ce que cette publicité s'adresse : aux petits enfants, aux adolescents, aux familles ou aux adultes? Justifie ta réponse.

● À la tâche

2. Maintenant, prépare l'affiche qui annonce ton film de monstres. N'oublie pas de comparer ton film à d'autres. Cette affiche est une des parties illustrées de la tâche finale. Mets-la dans ton portfolio.

● Vocabulaire utile

- attaquer
- une explosion
- un scientifique
- un volcan
- descendre
- un laboratoire
- sortir

N'oublie pas ton vocabulaire personnel dans ton cahier.

3. En mars 1933, le film *King Kong* a tenu l'affiche dans deux énormes cinémas à New York. Au cours des quatre premiers jours, il a rapporté 89 931 $ (le prix moyen d'un billet pour ce film en 1933 était de 25 cents). Calcule (a) combien de personnes ont acheté des billets pendant les quatre jours; (b) combien d'argent cela représente aujourd'hui si le prix moyen d'un billet de cinéma est de neuf dollars.

● Avant de parler

Quand on crée une annonce publicitaire pour la radio, il faut :
- être précis;
- s'adresser à un public spécifique, par exemple, aux enfants, aux adolescents, aux familles, aux gens âgés;
- énoncer clairement ce qu'on veut vendre.

● À la tâche

4. Écoute le message publicitaire pour la première de *King Kong* et réponds aux questions à la page 66 de ton cahier. Maintenant, prépare et enregistre une annonce publicitaire radiophonique pour ton film de monstres. Cette annonce est une des parties orales de la tâche finale. Mets-la dans ton portfolio.

Rien ne peut arrêter
ZAGORA!

Il est sorti du désert pour semer *la terreur!*

Plus dangereux que Godzilla!

Plus gigantesque que Kong!

LE PLUS GRAND FILM DE MONSTRES DE L'HISTOIRE DU CINÉMA!

73

- Tu vas interviewer l'actrice Ann Darrow après son aventure sur le sommet de *l'Empire State Building*. Qu'est-ce que tu vas lui demander? À deux, préparez entre cinq et sept questions, et écrivez-les sur une feuille de papier. Comparez vos questions à celles d'un autre groupe.

- Maintenant, lis l'entrevue avec Ann Darrow de Sunil Patel, un reporter pour Radio WHAT à New York.

Ann Darrow
nous parle!

Sunil : J'ai ici avec moi Ann Darrow, la jeune actrice qui a passé une soirée de terreur hier. Bonjour, Ann.

Ann : Bonjour, Sunil. Je suis très heureuse d'être ici ce matin.

Sunil : Je suis certain qu'hier soir, vous avez eu très peur de mourir. Voulez-vous expliquer à nos auditeurs comment vous vous êtes trouvée dans une telle situation?

Ann : Tout a commencé quand je suis arrivée à *Skull Island* avec l'équipe de Carl Denham. Quand nous y sommes débarqués, les habitants de l'île m'ont kidnappée. Denham et Jack Driscoll, un membre de l'équipe, ont essayé de me sauver, mais trop tard… Kong est venu. Il m'a saisie et il est vite entré dans la forêt.

Sunil : Quelle a été votre réaction?

Ann : La terreur. J'ai crié, j'ai perdu conscience… Enfin, Jack et M. Denham m'ont sauvée et ont capturé Kong. Quand nous sommes retournés à New York, M. Denham a annoncé son projet – il a décidé de présenter un spectacle avec Kong enchaîné.

Sunil : Est-ce que vous avez aimé l'idée?

Ann : Pas du tout. Kong est un animal. On ne doit jamais traiter les animaux comme ça. Ils ne comprennent pas. Je suis allée voir M. Denham, mais il n'a pas voulu m'écouter. Et la tragédie est arrivée hier soir.

Sunil : Tragédie? Cette bête est montée au sommet de *l'Empire State Building* avec vous dans ses bras! Il voulait vous tuer!

Ann : Non, Sunil, je suis certaine qu'il ne voulait pas me faire mal. Quand les avions sont arrivés, il m'a trouvé un refuge. Quand il est tombé… Pardon, je ne peux pas continuer.

Sunil : Parlons d'événements plus heureux alors. On dit qu'il y aura bientôt un mariage.

Ann : Oui, je vais épouser Jack Driscoll au mois de juin.

Sunil : Et votre carrière au cinéma?

Ann : Finie. Je suis allée devant les caméras pour la dernière fois.

Sunil : Je suis sûr que nos auditeurs veulent saluer, avec moi, une femme courageuse. Merci de m'avoir parlé, Ann Darrow.

As-tu compris?

1. Qu'est-ce qui est arrivé à Ann à *Skull Island*?

2. Quelle a été la réaction d'Ann Darrow?

3. Quand Ann est allée voir Carl Denham, qu'est-ce qu'elle a voulu lui dire?

4. Pourquoi est-ce qu'elle parle de tragédie?

5. Comment est-ce qu'Ann est montée au sommet de *l'Empire State Building*?

6. Pourquoi est-ce qu'Ann va enfin être heureuse?

Et maintenant

… que tu en as beaucoup appris au sujet du film *King Kong*, ne manque pas de le regarder la prochaine fois qu'on le diffuse à la télé! Regarde la version originale en noir et blanc – n'accepte pas de substituts!

Activités

orales et écrites

1. Retourne à la page 70 de ton livre et relis l'article sur Carl Denham, puis relis l'entrevue avec Ann Darrow. Sers-toi de l'information contenue dans l'article et dans l'entrevue pour écrire un article de journal d'environ 60 mots sur les expériences d'Ann Darrow. N'oublie pas les cinq questions qu'on explique à la page 71.

2. À deux, préparez et présentez le dialogue d'un film de monstres. Dans cette scène, une personne a vu le monstre, mais l'autre personne ne la prend pas au sérieux. La première personne doit décrire le monstre et convaincre son ami(e) de son existence.

● Vocabulaire utile

- attaquer
- les écailles
- une figurine
- les griffes
- les poils
- dangereux
- épeurant
- gigantesque
- un monstre

N'oublie pas ton vocabulaire personnel dans ton cahier.

● À la tâche

3. Une chaîne de restaurants rapides veut participer à une promotion spéciale liée à la première de ton film de monstres. Le restaurant va donner une collection de figurines des personnages de ton film avec les repas. Dessine une affiche promotionnelle dans laquelle tu expliques comment obtenir les figurines. N'oublie pas de dessiner tes monstres! Cette affiche est une des parties illustrées de la tâche finale. Mets-la dans ton portfolio.

● À la tâche

4. Maintenant, prépare et enregistre une scène de ton film pour deux personnages. Cette scène est une des parties orales de la tâche finale. Mets-la dans ton portfolio.

As-tu remarqué?

Le pronom *on*

Regarde comment on utilise le pronom **on**. «**On** ne doit jamais traiter les animaux comme ça.»

a) On utilise **on** pour parler des gens en général.

b) **On** remplace souvent **nous**, mais il est conjugué comme **il** et **elle**.

LA FABRIQUE DE L'HORREUR

Karl et Éric Gosselin sont les maîtres du maquillage à effets spéciaux au Québec. Les réalisateurs de Hollywood font appel à leurs talents pour créer des visages bizarres et pour animer les monstres.

Comme beaucoup de jumeaux identiques, Éric et Karl sont inséparables et se complètent à merveille. Éric est l'artiste : c'est de son imagination que sortent leurs créatures monstrueuses. Karl est l'ingénieur : il crée les *animatronics*, c'est-à-dire les squelettes robotisés de ces monstres. Aujourd'hui, Karl est technicien en électronique et il a réalisé son rêve. Il sait tout faire : ailes de chauves-souris mécaniques, dinosaures, même des robots meurtriers pour le film de science-fiction *Screamers : l'armée souterraine*.

77

Éric a accepté de créer un loup-garou pour la série télévisée *Big Wolf on Campus*, les aventures d'un étudiant loup-garou. Avant de fabriquer un masque, Éric fait des dessins à la main ou à l'ordinateur. Puis, Éric sculpte un modèle réduit dans une pâte à modeler spéciale et il présente le modèle au réalisateur du film. Ensuite, Éric fait un modèle grandeur nature.

Pour fabriquer un masque ou des parties du corps humain, il n'y a rien de mieux que l'original. On moule le corps d'une personne pour avoir sa copie en plâtre.

On applique ensuite une couche de latex sur les moulages. Le latex ressemble à la peau. Le résultat est une peau artificielle qui recouvre tout le corps de l'acteur. C'est à travers cette fausse peau que poussent les griffes et les poils du loup-garou. On colle le masque sur le visage de l'acteur et on le maquille. Parfois la séance de maquillage peut prendre jusqu'à cinq heures! C'est long.

Source : Félix Légaré, *Les Débrouillards*, octobre 1998, pp. 4–7.

As-tu compris?

1. Pourquoi est-ce que les réalisateurs de Hollywood utilisent les talents de Karl et d'Éric?

2. Quels rôles est-ce que les frères jouent dans la création des monstres?

3. Qu'est-ce que Karl fait qui nécessite ses talents d'ingénieur?

4. Quelles sont les trois étapes pour créer un masque?

5. Pourquoi est-ce difficile pour l'acteur de porter un de ces masques?

Activités

orales et écrites

1. Imagine qu'un réalisateur demande aux frères de créer un habitant d'une autre planète pour un film de science-fiction. Dans un paragraphe, décris comment ils vont procéder.

2. À deux, préparez et présentez l'entrevue d'un journaliste avec un monstre du cinéma. Parlez de la vie privée du monstre et ce qu'il pense des films à son sujet.

3. a) Cette année, l'Académie donne le prix des meilleurs effets spéciaux à Éric et Karl Gosselin. Écris cinq questions qu'un reporter va poser aux frères au sujet de cet honneur. À deux, utilisez les questions pour réaliser une entrevue radiophonique et la présenter à la classe.

   b) C'est la soirée de distribution des prix de l'Académie. À deux, composez et présentez le discours d'Éric et de Karl à la remise du trophée.

Vocabulaire utile

- les dents
- effrayant
- les poils
- les effets spéciaux
- les griffes

N'oublie pas ton vocabulaire personnel dans ton cahier.

À la tâche

4. Un réalisateur de cinéma te demande d'élaborer le plan d'un film. C'est l'histoire d'un loup-garou, c'est-à-dire d'un homme qui se transforme en loup quand la lune est pleine. Écris ton plan en un paragraphe, en commençant par :

   Claude Duparc, professeur de français à Halifax, a un petit problème : quand la lune est pleine, il se transforme en loup-garou.

   Ce plan est une des parties écrites de la tâche finale. Mets-le dans ton portfolio.

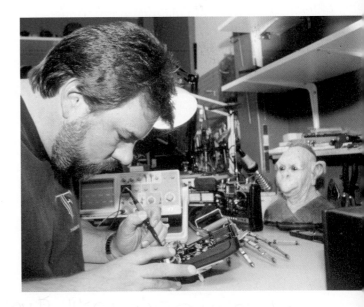

TROIS

La tâche finale

Tu es directeur ou directrice du marketing pour un studio de cinéma. Le studio a créé un film de monstres et tu dois préparer une trousse de publicité à l'intention des médias : stations de radio, chaînes de télévision et journaux. Tu vas utiliser les composantes de ton portfolio pour créer une trousse de publicité que tu vas décorer.

La trousse comprend trois choses choisies dans la liste suivante. Une doit être orale, une écrite et une illustrée.

- oral : une scène du film ou une annonce publicitaire radiophonique
- écrit : un sommaire de l'histoire du film ou le plan d'un film
- illustré : l'affiche du film, ou une affiche qui annonce une association promotionnelle entre le film et un restaurant

Pour compléter la tâche finale, est-ce que tu as :

- choisi un thème, un monstre, des personnages et une intrigue pour ton film?
- donné un titre à ton film?
- bien considéré les éléments nécessaires pour l'affiche?
- déterminé à quel public tu vas t'adresser?
- décidé quelles parties de la trousse tu vas faire?

Sur la piste de la tomate carrée

Dans cette unité, tu vas...

Parler

- des changements dans le monde qui nous entoure;
- de l'avenir de notre planète;
- de nouveaux développements scientifiques.

Découvrir

- des faits intéressants sur la génétique.

Apprendre

- à parler de l'avenir d'une autre façon (le futur simple);
- à joindre des idées dans une phrase avec des mots-liens;
- à utiliser la méthode scientifique pour analyser des problèmes.

La tâche finale

Tu vas analyser des problèmes scientifiques et créer un portfolio qui comprend :

- un dialogue;
- une affiche;
- une conversation «pour ou contre»;
- un rapport.

81

Allons-y!

Écoute bien. Associe chaque bout de conversation à une question sur ces pages.

1 Est-ce qu'il y aura des forêts et des lacs?

2 Qu'est-ce que nous mangerons à l'avenir?

3 Quel temps fera-t-il en hiver?

4 Est-ce que les plantes pourront survivre sans pesticides?

5 Quelles espèces d'animaux existeront toujours?

QUATRE

On se met à la tâche

Jean : Julie, on travaillera ensemble à cette tâche pour le cours de sciences?

Julie : Bien sûr, Jean. Nous travaillerons ensemble, comme toujours. As-tu choisi un thème?

Jean : Pas encore. Je ne comprends pas complètement les étapes. Que devrons-nous faire?

Julie : D'abord, nous identifierons un problème, puis nous proposerons une solution. Nous formulerons une conclusion et puis nous préparerons un rapport. Nous pouvons aussi jouer un rôle spécifique. Par exemple, un fermier qui parle à un écologiste.

Jean : Ce sera amusant. J'aime jouer des rôles. D'ailleurs, mon grand-père est fermier et je passe souvent l'été à sa ferme. Je penserai à un thème au supermarché ce soir.

Julie : Au supermarché? Ah oui! Tu as trouvé un emploi à temps partiel.

Jean : Et j'ai déjà eu une promotion! Maintenant, je range les fruits et les légumes.

Julie : Alors, un thème de biologie sera facile à trouver au supermarché. Bonne chance! On en reparlera demain.

Comment analyser un problème scientifique.

Étapes :

1. identifier un problème;

2. proposer une solution;

3. formuler une conclusion;

4. préparer un rapport.

Après l'école...
au supermarché

Patron : Jean, qu'est-ce qui se passe? Il y a des tomates par terre!

Jean : Oui, monsieur. Les clients cherchent toujours les meilleures tomates et chaque fois qu'on les déplace, plusieurs tomates tombent par terre.

Patron : Mais regarde! Nous ne pouvons pas les vendre comme ça!

Jean : Ce n'est pas ma faute, monsieur. C'est que les tomates sont rondes et qu'elles tombent facilement.

Patron : Oui, je sais. Qu'est-ce qu'on peut faire pour résoudre ce problème? Essaie de trouver une solution, Jean.

Jean : Bien, je suppose que nous avons besoin d'une tomate carrée pour rendre notre travail plus facile!

Patron : Une tomate carrée...?

As-tu compris?

1. Où sont Jean et Julie?

2. De quoi parlent-ils?

3. Qu'est-ce qu'ils doivent identifier?

4. Où est-ce que Jean travaille après l'école?

5. Qu'est-ce qu'il doit y ranger?

6. Pourquoi est-ce que le patron de Jean n'est pas content?

7. Pourquoi est-ce que les tomates tombent facilement?

8. Quelle solution est-ce que Jean propose?

As-tu observé?

Le futur simple

1. Lis les questions et les réponses suivantes.

   a) **Jean, est-ce que tu feras des recherches à la bibliothèque?**
      - **Oui, je ferai des recherches et je trouverai un thème intéressant.**
      - **Non, je ne ferai pas de recherches.**

   b) **Les filles, est-ce que vous partirez demain?**
      - **Oui, nous partirons demain.**
      - **Non, nous ne partirons pas demain. Nous partirons la semaine prochaine.**

2. Est-ce que les phrases précédentes sont au présent, au passé ou au futur?

3. Quelle est la forme des verbes en couleur?

4. Examine bien les terminaisons. Où est-ce que tu les as déjà vues?

5. Où est-ce qu'on place *ne... pas*?

Application

Réponds aux questions suivantes. Réfère-toi aux phrases en haut de la page.

1. Jean, est-ce que tu chercheras des sources d'informations?

2. Julie, est-ce que tu aimeras le thème?

3. Est-ce que la professeure prendra le thème au sérieux?

4. Les garçons, est-ce que vous choisirez un thème?

5. Est-ce que les élèves comprendront les instructions?

6. Est-ce que les élèves finiront à temps?

a) Les terminaisons du futur

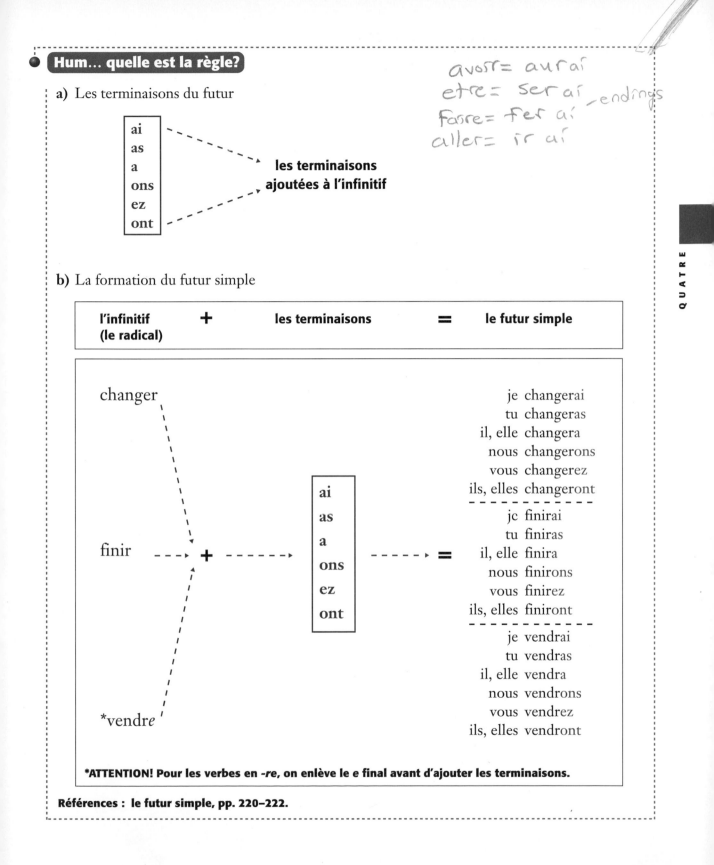

avoir= aurai
etre= serai
Faire= ferai — endings
aller= irai

les terminaisons
ajoutées à l'infinitif

b) La formation du futur simple

l'infinitif (le radical)	+	les terminaisons	=	le futur simple

changer

ai
as
a
ons
ez
ont

je changerai
tu changeras
il, elle changera
nous changerons
vous changerez
ils, elles changeront

finir

jc finirai
tu finiras
il, elle finira
nous finirons
vous finirez
ils, elles finiront

*vendr*e*

je vendrai
tu vendras
il, elle vendra
nous vendrons
vous vendrez
ils, elles vendront

*ATTENTION! Pour les verbes en -*re*, on enlève le e final avant d'ajouter les terminaisons.

Références : le futur simple, pp. 220–222.

Activités

orales et écrites

1. Écoute la professeure parler à la classe de sa visite à la bibliothèque. Réponds aux questions à la page 78 de ton cahier pendant que tu écoutes. Après, explique à ton ou ta partenaire ce que la prof a dit.

2. À deux, identifiez quelques problèmes environnementaux. Utilisez votre dictionnaire pour vérifier les mots en français. Notez vos idées à la page 72 de votre cahier. Ensuite, répondez aux questions suivantes.

   a) Quel problème trouvez-vous intéressant?

   b) Où trouverez-vous des sources d'informations sur ce problème?

   c) Y a-t-il une solution simple à ce problème? Laquelle?

   Présentez votre problème et votre solution à un autre groupe.

3. En groupes, analysez la situation au supermarché.

   a) Quel est le problème?

   b) Quelle est la cause?

   c) Quelle solution est-ce que Jean propose?

   À votre avis, est-ce que Jean est sérieux quand il parle de la tomate carrée? Pouvez-vous suggérer d'autres solutions à ce problème?

Vocabulaire utile

- carré(e)
- la pollution
- rond(e)
- la pluie acide
- rester en place
- l'effet de serre
- les espèces en voie d'extinction
- tomber par terre
- une tomate

N'oublie pas ton vocabulaire personnel dans ton cahier.

4. Pendant que Jean dort cette nuit, il rêve qu'il a inventé la tomate carrée. À deux, jouez les rôles de Jean et du patron, et présentez la conversation où Jean lui montre son invention géniale : la tomate carrée. Dans le dialogue, Jean lui explique le problème, la cause et sa solution. Utilise tes notes de l'activité numéro 3 pour t'aider. Ce dialogue fait partie de la tâche finale. Mets-le dans ton portfolio.

QUATRE

• Écoute la conversation entre Jean et sa mère, puis réponds aux questions à la page 80 de ton cahier.

Une tomate carrée... quelle idée!

Jean et Julie entrent dans la classe de sciences. La professeure n'est pas encore arrivée.

Julie : As-tu pensé à un thème pour notre rapport?

Jean : Je pense que oui. Une tomate carrée!

Julie : Une quoi?

Jean : Ne ris pas. La tomate carrée sera la tomate de l'avenir! J'ai pensé à ça hier soir au supermarché. Les tomates tombent toujours par terre. On doit les jeter à la poubelle parce qu'on ne peut pas les vendre en mauvais état.

Julie : D'accord, mais…

Jean : Tu ne vois pas? Elles tombent parce qu'elles sont rondes! Une tomate carrée restera sagement à sa place. D'ailleurs, quand on coupera une tomate carrée en tranches pour les sandwiches, toutes les tranches seront régulières et de la même grandeur!

Julie : Mais Jean… tu parles de manipulation génétique!

Jean : Je suppose, et on ne parle pas seulement de tomates carrées!
On sera bientôt capable de modifier beaucoup de plantes. Par exemple,
on aura des espèces de maïs qui résisteront aux insectes! Ça aidera mon
grand-père. Il a dit qu'il a besoin d'un maïs résistant.

Julie : Attends! Tu es trop optimiste, toi. Les conséquences à long terme
ne sont pas claires. Peut-être que ces modifications auront de très
mauvais effets sur nous et sur l'environnement.

Jean : Alors, tu n'aimes pas mon idée?

Julie : Si, je l'aime, mais nous devrons examiner la
manipulation génétique sérieusement
avant d'en juger. Maintenant, il
faut faire des recherches à la
bibliothèque.

Jean : Bon! Commençons!

As-tu compris?

1. Qu'est-ce que Jean suggère à Julie comme thème?

2. Pourquoi pense-t-il que c'est une bonne idée de créer une tomate carrée?

3. Quel autre avantage y aura-t-il à avoir une tomate carrée?

4. Nomme une autre plante qui sera bientôt modifiée, selon Jean.

5. À quoi le maïs modifié résistera-t-il?

6. Qu'est-ce qui n'est pas clair?

Le futur simple : *avoir*

1. Lis la question et les réponses suivantes.

Comment sera le monde en l'an 2030? Par exemple, y aura-t-il des forêts tropicales?

– Oui, il y **aura** des forêts tropicales.

– Non, il n'y **aura** pas de forêts tropicales.

2. Est-ce que *il y aura* indique le présent, le passé ou l'avenir?

3. *Il aura* est le futur simple de quel verbe?

4. Quelles sont les autres formes de ce verbe au futur simple?

As-tu remarqué?

Au négatif, il faut changer *un, une, du, de la, de l'* ou *des* pour *de*.

Maintenant, fais des prédictions. Réponds aux questions. En 2030, est-ce qu'il y **aura** :

1. des oiseaux dans la forêt?

2. des loups dans les montagnes?

3. des baleines dans les océans?

4. de la nourriture naturelle?

5. des fermes qui produiront de la nourriture?

6. des cures pour *toutes* les maladies?

Hum… quelle est la règle?

le verbe avoir au futur simple

le radical	+	les terminaisons	=	le futur simple
aur	+	ai as a ons ez ont	=	j' aurai tu auras il, elle aura nous aurons vous aurez ils, elles auront

Références : les verbes irréguliers, p. 222.

Le futur simple : *être*

1. Lis la situation suivante.

   On parle souvent de l'effet
   de serre, c'est-à-dire du
   réchauffement de l'atmosphère.
   Si cette théorie est correcte,
   les températures globales
   augmenteront d'année
   en année.

2. Quel est l'infinitif des
   verbes en couleur?

Les étés **seront** plus longs.

Je serai heureux.
J'aime faire de
la natation.

Pas moi!
J'adore faire
du ski. Je serai
malheureuse.

Application

Lis les prédictions suivantes. Dis si tu seras
heureux ou non et explique pourquoi.

1. Les hivers seront très courts.

2. Le ski alpin ne sera pas possible.

3. Les glaciers du Pôle Nord vont fondre.

4. La climatisation sera presque toujours
   nécessaire.

5. Les plages seront sous l'eau.

Hum… quelle est la règle?

• le verbe être au futur simple

le radical	**+**	les terminaisons	**=**	le futur simple
ser	**+**	**ai** **as** **a** **ons** **ez** **ont**	**=**	je serai tu seras il, elle sera nous serons vous serez ils, elles seront

Références : les verbes irréguliers, p. 222.

Activités

orales et écrites

1. Écoute la conversation entre Jean et son grand-père. Il explique à Jean son problème à la ferme. Ensuite, réponds aux questions suivantes.

a) Quel est le problème?

b) Quelle est la cause?

c) Quelle solution propose Jean?

d) Qu'est-ce que le grand-père pense de la solution?

2. a) Voici quelques autres «problèmes» qui ont besoin de solutions :

   i) le pain français qui sèche après une journée;

   ii) le fromage orange qui devient bleu dans le frigo après quelque temps;

  iii) les œufs qui se cassent parce que la coquille est délicate;

   iv) les grains comme le maïs qui sont attaqués par des parasites.

b) En groupes, discutez de ces problèmes et proposez une solution simple pour chacun. Vous pouvez inventer une solution bizarre comme la tomate carrée de Jean. Prenez des notes pendant vos discussions.

c) Comparez vos solutions à celles d'un autre groupe.

Vocabulaire utile

• garder frais/fraîche

• rendre plus dur(e)

• rendre résistant(e) aux parasites

N'oublie pas ton vocabulaire personnel dans ton cahier.

● À la tâche

3. À deux, créez une annonce publicitaire qui présentera un des nouveaux produits suivants. Échangez votre texte avec un autre groupe. Faites des commentaires, des suggestions et des corrections. N'oubliez pas de vous servir du futur simple.

Les nouveaux produits :

a) une banane qui ne brunira jamais;

b) une laitue qui sera fraîche après un mois dans le frigo;

c) un pain français qui restera frais après une semaine;

d) une tomate qui sera toujours ferme et fraîche;

e) vous avez une autre idée?

Référez-vous à la page 84 de votre cahier pour créer un exemple d'une annonce publicitaire.

Cette annonce fait partie de la tâche finale. Mets-la dans ton portfolio.

As-tu remarqué?

On dit que le pain sera *frais* mais que la tomate sera *fraîche*. Pourquoi?

Louis Pasteur

Louis Pasteur est né en 1822. Il était chimiste et biologiste. Il a découvert que la fermentation était due à l'action de micro-organismes. Pendant les années 1860, il a mis au point la *pasteurisation*. De nos jours, nous associons la pasteurisation au lait. Mais, au début, la pasteurisation était une méthode de conservation de la bière et du vin. Entre 1870 et 1886, Pasteur a concentré son attention sur les maladies infectieuses. Il est devenu célèbre pour son vaccin contre la rage (une maladie qui attaque les animaux).

Il est évident que, pour Pasteur, la méthode scientifique était importante : l'identification du problème, la solution proposée, les expériences, les tests pour évaluer la solution et l'analyse des résultats. Ce n'était pas toujours facile. Le monde scientifique en France a attendu longtemps avant d'accepter ses théories. Certains scientifiques ont trouvé l'idée des microbes invisibles très comique. Certains ont même résisté quand Pasteur a suggéré que les médecins se lavent les mains régulièrement!

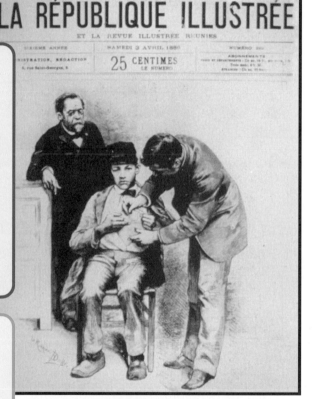

Aujourd'hui, on considère Louis Pasteur comme un des plus grands savants de l'histoire. On peut affirmer qu'il a contribué au développement de ce qu'on appelle la médecine préventive. Il accordait beaucoup d'importance aux vaccins et à l'hygiène personnelle.

Pasteur supervise la première vaccination.

www.
Pour plus de renseignements sur les Info-cultures, visite notre site Web à :
www.pearsoned.ca/school/fsl

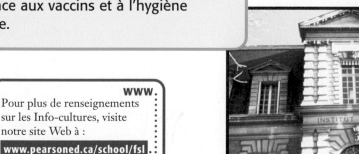

Réponds aux questions suivantes.

- Qu'est-ce que Julie et Jean doivent préparer?

- Quel thème est-ce que Jean a suggéré?

- Qu'est-ce que Julie pense de ce thème? Pourquoi?

- Quelles sources utilisent-ils?

- Dans l'article suivant, trouve cinq mots qui ressemblent aux mots anglais.

le maïs

Le maïs transgénique et le papillon monarque

Chaque année, des parasites comme la pyrale attaquent le maïs. Pour détruire ces parasites, les fermiers utilisent souvent des pesticides, c'est-à-dire des poisons qui tuent les insectes. Ce n'est pas la meilleure solution, car les prédateurs qui mangent ces insectes sont aussi empoisonnés. D'ailleurs, les poisons peuvent entrer dans les nappes d'eau sous la terre. Donc, les pesticides peuvent avoir un effet sérieux sur tout l'écosystème. Tuer les parasites ou protéger l'environnement, voilà le dilemme!

En 1997, la France a légalisé trois variétés de maïs transgéniques qui contiennent un gène qui les rend plus résistants à la pyrale. C'est un avantage, car les pesticides ne sont plus nécessaires, mais cette manipulation génétique a peut-être des effets inconnus sur l'environnement.

le papillon monarque

Une équipe de scientifiques américains a fait une étude sur le maïs transgénique et le papillon monarque, ce magnifique insecte noir et orange qui passe l'hiver au Mexique. En route vers le nord, le monarque, une espèce protégée, s'arrête régulièrement pour se nourrir de pollen. De temps en temps, le monarque choisit du maïs Bt, une plante qui a été modifiée pour mieux résister aux insectes et qui n'a pas besoin de pesticides. Cependant, on a remarqué qu'un grand nombre de papillons monarques qui ont mangé le pollen de ce maïs meurent. Si le pollen du maïs Bt affecte si sérieusement un petit insecte comme le monarque, qui sait quelles seront les conséquences sur les animaux et les humains qui mangent ce maïs?

On trouve le maïs Bt dans plusieurs pays. Depuis des années, des scientifiques insistent sur la nécessité d'étudier les effets à long terme de la modification génétique. Mais certains gouvernements ont autorisé la production de plantes transgéniques sans insister sur ces études.

la pyrale

As-tu compris?

1. Fais l'exercice de compréhension à la page 86 de ton cahier.

As-tu observé?

Les conjonctions

1. Examine les phrases suivantes, tirées de l'article précédent.

   a) Les fermiers utilisent souvent des pesticides, **c'est-à-dire** des poisons qui tuent les insectes.

   b) Ce n'est pas la meilleure solution, **car** les prédateurs qui mangent ces insectes sont aussi empoisonnés.

   c) **D'ailleurs**, les poisons peuvent entrer dans les nappes d'eau sous la terre.

   d) **Donc**, les pesticides peuvent avoir un effet sérieux sur tout l'écosystème.

   e) Tuer les parasites **ou** protéger l'environnement, voilà le dilemme!

   f) Les pesticides ne sont plus nécessaires, **mais** cette manipulation génétique a peut-être des effets inconnus sur l'environnement.

   g) …du maïs Bt, une plante qui a été modifiée pour mieux résister aux insectes **et** qui n'a pas besoin de pesticides.

Application

Réfère aux phrases ci-dessus. Donne une conjonction qui…

1. joint deux idées.

2. met une restriction à ce qui précède.

3. ajoute un nouveau détail.

4. explique le sens d'un mot.

5. offre une conséquence.

6. offre une raison.

7. offre un choix.

Hum… quelle est la règle?

Les conjonctions créent des liens entre les mots d'une phrase ou entre deux phrases.

Références : les conjonctions, p. 212.

Activités

orales et écrites

1. À deux, relisez l'article sur le papillon monarque. Identifiez le problème et ses causes. Proposez une solution. Réfléchissez et considérez les conséquences de votre solution. S'il y a de nouveaux problèmes, pensez à une autre solution. Prenez note de vos idées.

● À ton avis

En petits groupes, dressez une liste des avantages et des désavantages de la manipulation génétique. À votre avis, est-ce que la manipulation génétique offre plus d'avantages ou plus de désavantages? Comparez vos idées avec celles d'un autre groupe.

● À la tâche

2. Sers-toi de tes notes pour préparer et présenter une conversation «pour ou contre». Une personne jouera le rôle d'un fermier ou d'une fermière qui cultive le maïs Bt. L'autre jouera le rôle d'un ou d'une activiste qui cherche à sauver les papillons monarques. Lis les idées ci-dessous pour commencer la conversation.

   a) Je pense qu'on devrait éliminer la pyrale, parce que…

   b) Je ne trouve pas le maïs Bt dangereux, parce que…

   c) Il faut sauver les papillons monarques, parce que…

   d) On doit étudier les effets à long terme de la modification génétique, parce que…

   Cette conversation «pour ou contre» fait partie de la tâche finale. Mets tes notes dans ton portfolio.

● Vocabulaire utile

- à court terme/à long terme
- un fermier/une fermière
- le maïs
- un gène
- les pesticides
- un papillon

N'oublie pas ton vocabulaire personnel dans ton cahier.

Encore des problèmes...

Julie : Jean, je pense que ta tomate carrée a pris une autre direction.

Jean : C'est vrai. Plus nous en apprenons sur la manipulation génétique, plus nous découvrons qu'elle crée beaucoup de problèmes.

Julie : En principe, c'est très simple. Le scientifique transfère un gène dans une plante.

Jean : D'accord. D'ailleurs, on peut transférer seulement *un* nouveau gène.

Julie : À présent.

Jean : Oui. Peut-être que ça changera à l'avenir.

Julie : Le nouveau gène change la structure génétique de la plante et la transforme.

Jean : Par exemple, la plante devient plus résistante à certains parasites.

Julie : Mais j'ai l'impression qu'on est allé trop loin trop vite. On ne comprend pas toutes les conséquences possibles.

Jean : Au début, j'ai considéré ces nouvelles plantes comme un avantage pour les pays pauvres. Quand les insectes mangent tout le maïs, il n'y a plus rien à manger. Ces plantes coûtent cher et souvent les pays pauvres n'ont pas d'argent pour les acheter.

Julie : Il faut aussi penser à tous les effets de ces nouvelles plantes sur l'écosystème. Regarde les papillons monarques. Beaucoup d'espèces peuvent disparaître.

Jean : Tu sais, Julie, je pense que nous avons beaucoup de faits intéressants. Maintenant, il faut écrire notre rapport.

As-tu compris?

1. Selon Jean, qu'est-ce que la manipulation génétique crée?

2. Combien de gènes peut-on transférer dans une plante?

3. Quel effet a le nouveau gène?

4. Qu'est-ce qu'on ne comprend pas encore?

5. Qu'est-ce que Jean et Julie doivent faire maintenant?

Comment écrire un rapport

Rédiger un rapport sur un problème scientifique est une partie importante
de la tâche finale. Voici les étapes de ce rapport.

identifier le problème

proposer une solution

nommer les étapes à suivre

formuler la conclusion

Tes parents pensent que les légumes au supermarché coûtent trop cher. Donc, ils ont décidé de cultiver un jardin potager. Ils ont préparé le sol, ils ont acheté des graines et des plantes, ils les ont mises en terre, ils ont arrosé le jardin régulièrement et ils ont attendu patiemment. Cette année, ils ont donc acheté beaucoup moins de légumes au supermarché.

QUATRE

Activités

orales et écrites

1. Utilise l'exemple de la page précédente pour préparer un rapport qui indique la solution à un des problèmes suivants :

   a) quand tu fais un pique-nique, les boissons ne restent jamais assez froides;

   b) tu n'as pas assez d'argent pour acheter le nouveau disque compact de ton groupe favori;

   c) le supermarché où ta famille fait ses courses ne donne pas de sacs en plastique.

● À la tâche

2. Comme Jean et Julie, tu vas faire de la recherche avant d'écrire ton dernier rapport. Réfère-toi à la section *Allons-y!* de cette unité pour quelques thèmes possibles. Ce rapport fait partie de la tâche finale. Mets-le dans ton portfolio.

●· Vocabulaire utile

- congeler
- récolter des fonds
- économiser de l'argent
- recycler
- modifier
- réutiliser

N'oublie pas ton vocabulaire personnel dans ton cahier.

Rapport scientifique : projet de recherches sur la modification des plantes.

Info-culture

L'agriculture biologique en France

Il y a de plus en plus de gens qui cherchent des fruits et des légumes sur lesquels on n'a pas utilisé de pesticides ni d'autres produits chimiques. Ces mêmes gens ne veulent pas de nourriture à base de plantes transgéniques. La solution? Les aliments biologiques, sans pesticides ni produits chimiques : en fait, des aliments naturels.

www.
Pour plus de renseignements sur les Info-cultures, visite notre site Web à :

www.pearsoned.ca/school/fsl

Q U A T R E

Pendant longtemps, les Français ont résisté aux produits biologiques pour deux raisons principales : leur prix très élevé et la difficulté de les trouver. Aujourd'hui, les choses commencent à changer. On peut trouver des produits biologiques dans les grands supermarchés. À cause de la demande, ces produits coûtent de moins en moins cher. Le gouvernement français cherche aussi à encourager l'agriculture biologique.

L'agriculture biologique aide à réduire la pollution du sol et de l'eau. De plus, elle fournit des produits de haute qualité qui sont bons pour la santé.

La tâche finale

Tu as analysé plusieurs problèmes scientifiques.
Dans ton portfolio tu as :
• **un dialogue;**
• **une annonce publicitaire;**
• **une conversation «pour ou contre»;**
• **un rapport.**

Pour chaque travail, as-tu :

● identifié un problème?

● proposé une ou des solutions?

● formulé une conclusion?

Pour écrire ton rapport, as-tu aussi :

● trouvé des renseignements à la bibliothèque ou sur Internet?

● pris des notes?

Aventure en tempomobile

Dans cette unité, tu vas…

Parler
- de voyages imaginaires;
- de certains événements historiques;
- avec une personne célèbre du passé.

Découvrir
- des faits historiques.

Apprendre
- à remplacer des noms par des pronoms;
- à utiliser les formes comparatives et superlatives de *bon* et de *bien*;
- à écrire un journal intime.

La tâche finale

Tu vas créer un album de tes voyages dans le passé qui inclura :
- un dialogue avec une personne du passé;
- un itinéraire d'un voyage imaginaire;
- une description d'un souvenir que tu as rapporté dans le présent;
- une description de tes expériences dans un journal intime.

Allons-y!

Quelle époque historique trouves-tu intéressante? Pourquoi?
À qui, dans le passé, voudrais-tu rendre visite? Écoute ce
qui se passe quand André et Anne-Laure découvrent le
tempomobile, une machine à voyager dans le temps.

La première aventure en tempomobile

Avant de lire

• Sais-tu comment on a inventé le basket-ball?

• Peux-tu expliquer quelques-unes des règles de ce jeu?

SPRINGFIELD
COLLEGE

Après leur découverte du tempomobile, les ados ont fait plusieurs voyages dans le temps. Aujourd'hui, c'est le tour d'André de choisir la destination. Il veut voir le premier match de baseball à Cooperstown, aux États-Unis, en 1839.

Anne-Laure : Où sommes-nous? Et que font ces jeunes gars? Nous ne sommes pas sur un terrain de baseball, André. Ah! Regarde-moi ce type-là! Comme il est beau.

André : Sois sérieuse… je ne sais pas où nous sommes. C'est le siècle dernier, je crois. Nous sommes dans un gymnase. Les gars jouent à quelque chose… mais qu'est-ce que c'est, ce sport-là?

Un homme : *(aux ados)* Hé, les garçons, voulez-vous jouer avec nous?

André : Euhh… peut-être… mais je ne connais pas ce jeu, monsieur.

L'homme : C'est simple. Les autres garçons ne le connaissent pas non plus. C'est un nouveau jeu.

(André s'approche des joueurs. L'homme fait signe à Anne-Laure de le suivre.)

Anne-Laure : Moi? Mais je ne suis pas…

L'homme : Tu es petit, mon gars, mais tu peux jouer aussi! Vas-y! J'expliquerai les règles. Le but du jeu est de lancer le ballon dans la corbeille de l'autre équipe.

Un gars : Est-ce qu'on court en portant le ballon, M. Naismith?

Naismith : Non, on le dribble en courant, comme ça. Il est interdit de courir avec le ballon dans les mains. Pour faire une passe, on fait *seulement* un pas avant de lancer le ballon à un coéquipier. Compris? Alors, allons-y.

Tim : Vite, vite, Jim!

Jim : Passe-moi le ballon, Clem!

Sam : Ouf!

Naismith : Bon, bon!

(Les gars jouent, d'abord un peu maladroitement, mais pas mal. Tout à coup, un gars réussit à lancer le ballon dans une corbeille.)

Tom : Youpi!

Naismith : C'est beau, Tom! Attendez, les gars. Le concierge doit monter sur l'échelle pour reprendre le ballon.

(Un vieil homme entre dans le gymnase. Il porte une échelle lourde. Il monte lentement sur l'échelle. Il prend le ballon, descend lentement de l'échelle, et puis le jeu recommence. Dix minutes plus tard, on a marqué cinq points. Chaque fois, le concierge monte sur l'échelle pour reprendre le ballon.)

Clem : C'est ennuyant d'attendre chaque fois qu'on marque un point, M. Naismith. Je n'aime pas ce jeu.

André : J'ai une suggestion, M. Naismith. Si on découpe le fond de la corbeille, le ballon tombera au sol. Le concierge n'aura pas besoin de monter sur l'échelle pour le rapporter.

Naismith : Bonne idée!

André : Il faut partir maintenant. Mais nous devons rapporter quelque chose comme souvenir. Que penses-tu de ce fanion?

Anne-Laure : Bon, d'accord. Allons-y! Je ne veux plus jouer.

As-tu compris?

1. Où se trouvent André et Anne-Laure?

2. Qu'est-ce que les gars font?

3. Pourquoi est-ce que M. Naismith doit expliquer les règles du jeu?

4. Quelles sont les trois règles du jeu?

5. Que fait le concierge chaque fois qu'on lance le ballon dans la corbeille?

6. Pourquoi est-ce que Clem dit qu'il n'aime pas le jeu?

7. Selon toi, pourquoi est-ce que M. Naismith pense qu'Anne-Laure est un garçon?

Comment utiliser un dictionnaire

Si tu ne connais pas un mot, est-ce que tu sais comment le trouver dans le dictionnaire? Connais-tu les abréviations utilisées dans le dictionnaire?

> adj. = adjectif   n.f. = nom féminin
>
> adv. = adverbe   prép. = préposition
>
> conj. = conjonction   pron. = pronom
>
> loc. = locution   v. = verbe
>
> n.m. = nom masculin

Application

À deux, cherchez les mots en caractères gras dans les phrases suivantes dans un dictionnaire français-anglais. Regardez les abréviations qui suivent les mots dans le dictionnaire.

Un **vieil** homme **entre** dans le **gymnase**. Il porte une échelle **lourde**. **Il** monte lentement **sur** l'échelle. Il **prend** le **ballon**, **descend** lentement de l'échelle, **puis** le jeu **recommence**.

Hum... quelle est la règle?

1. Quand vous cherchez un verbe dans le dictionnaire, il faut connaître la forme infinitive. Par exemple, pour le mot *entendu*, il faut chercher l'infinitif *entendre*.
   Références : les verbes, pp. 215–222.

2. Dans le cas des adjectifs, le dictionnaire donne la forme masculine en premier, suivie de la forme féminine. Par exemple, *beau*, *belle*.
   Références : les adjectifs irréguliers, pp. 209–210.

3. Souvent, un mot a plusieurs sens. Le mot *femme*, par exemple, a comme première définition *woman*. Sa deuxième définition est *wife*. Il faut toujours considérer le contexte du mot.

Activités

orales et écrites

1. Imagine que tu es le concierge. Monter et redescendre constamment pour aller chercher le ballon te fatigue, et tu n'as pas assez de temps pour faire ton travail. Écris une note au directeur du programme d'éducation physique pour expliquer ton problème et pour demander de l'aide.

2. a) Écoute les conversations entre André et Anne-Laure. Ils discutent des voyages possibles en tempomobile. Écris des notes dans le tableau à la page 100 de ton cahier.

b) Puis, compare tes réponses avec celles de ton ou ta partenaire. Voudrais-tu aussi visiter les destinations choisies par André et Anne-Laure?

À ton avis

En petits groupes, discutez des préparatifs pour voyager à travers le temps. Qu'est-ce qu'il faut apporter? Pourquoi est-ce que vous aurez besoin de ces choses? Comparez vos listes, puis choisissez les cinq choses les plus utiles à apporter.

À la tâche

3. Cette activité est une étape de la tâche finale. Pour la tâche finale, tu créeras un album de tes voyages.

a) Si tu rencontres des gens du passé qui s'étonnent de voir tes vêtements, tes chaussures, tes cheveux, comment est-ce que tu expliqueras ton apparence? En groupes, créez un petit dialogue. Présentez-le aux autres élèves.

b) Prépare un itinéraire de trois destinations. Où vas-tu aller? Pourquoi? À quelle période de l'histoire? Est-ce qu'il y a des personnages que tu veux rencontrer et avec qui tu veux parler? Quels objets veux-tu rapporter comme souvenirs? Mets l'itinéraire dans ton album.

Vocabulaire utile

• les allumettes   • un appareil-photo   • une lampe de poche   • un magnétophone

N'oublie pas ton vocabulaire personnel dans ton cahier.

Info-culture

Jules Verne : l'auteur visionnaire

Pourquoi est-ce que Mme Vaillant, la grand-mère d'André et d'Anne-Laure, a inventé le tempomobile? Quand elle était jeune, elle a lu plusieurs romans de Jules Verne dans lesquels il décrit des inventions étonnantes de l'avenir. Inspirée par ces romans, Mme Vaillant a inventé le tempomobile, une machine pour voyager dans le temps.

M. JULES VERNE, PAR GILL.

Jules Verne naît en 1828, en France. Il étudie en droit pour faire plaisir à ses parents, mais il préfère la littérature.

C'est un homme qui s'intéresse à mille choses! Il se passionne pour la géographie, les sciences et les nouvelles inventions. Le 19e siècle est une époque d'exploration et d'invention. Verne adore voyager, et il fait beaucoup de voyages à l'étranger en ballon, en bateau et en calèche. Il rêve de moyens de transport pas encore inventés au 19e siècle : l'avion, la voiture, le vaisseau spatial, le sous-marin… Ses passe-temps et ses intérêts scientifiques lui donnent beaucoup d'idées pour ses romans. Dans son dernier roman, il imagine l'avenir. Il décrit la ville de Paris cent ans plus tard, en 1990!

www.
Pour plus de renseignements sur les Info-cultures, visite notre site Web à :
www.pearsoned.ca/school/fsl

- Qu'est-ce que c'est qu'une tombe?
- Qu'est-ce que les Égyptiens ont mis dans les tombes et les pyramides?
- Est-ce qu'il est facile d'entrer dans une tombe ou une pyramide?

DANS LA VALLÉE DES ROIS

C'est le tour d'Anne-Laure de choisir la destination, et elle a choisi l'Égypte antique qui la fascine depuis longtemps. Elle veut observer la construction des pyramides.

Le 17 juillet, 200 avant J.-C.

Nous sommes dans une vallée déserte. Où sont les pyramides? Je vois des portes... Ah! Je comprends! Nous sommes dans la Vallée des rois. Voilà les tombes des pharaons. Les portes sont les entrées des tombes. Il n'y a pas de pyramides ici.

Tout à coup, un homme sort d'une tombe. Il porte un gros sac lourd. Quand il nous voit, il panique et se sauve en courant. C'est mystérieux.

— Hé! explorons cette porte. Je pense que l'homme est entré dans cette tombe, dit André.

Curieux, nous nous approchons de la tombe. Et voilà une entrée presque invisible!

Nous entrons dans un petit tunnel étroit. Il fait noir, mais heureusement, il y a une lampe de poche dans le tempomobile. Le tunnel est si petit qu'il faut ramper à genoux. C'est difficile. André est plus gros, et il est moins vite.

— Ouf! Je suis coincé! Aide-moi! s'exclame André.

Je tire sur ses mains. Nous ne voulons pas être bloqués dans cette tombe! Un grand effort et il est libre. Heureusement, le tunnel est maintenant plus grand. Nous pouvons marcher.

Nous voyons plusieurs passages partout. Quel passage choisir? C'est un véritable labyrinthe. Nous devons marquer notre route. Si nous ne la marquons pas, nous ne sortirons jamais!

Nous entrons dans le plus grand passage et voilà une grande salle magnifique. Il y a toutes sortes de beaux objets précieux partout : des meubles, des bijoux, des jeux… C'est le trésor que les travailleurs ont laissé avec le pharaon après sa mort. Les murs sont couverts de peintures bizarres de gens. Les scènes semblent vivantes. C'est étrange et effrayant.

— Rapportons quelque chose comme souvenir, dit André. Pourquoi pas cette petite figurine de chat? Il y en a beaucoup beaucoup!

C'est un joli petit chat. Je l'aime! Si nous le rapportons dans le présent, ce sera la preuve de notre voyage.

La lampe de poche devient plus faible. Il faut partir immédiatement!

As-tu compris?

1. Qu'est-ce qu'Anne-Laure voit dans la Vallée des rois?

2. Qu'est-ce que les ados ont apporté pour les aider à voir dans le noir?

3. Comment est-ce que les ados découvrent l'entrée?

4. Pourquoi faut-il marquer la route dans la tombe?

5. Pourquoi est-ce que les ados ont peur dans la grande salle?

6. Si les ados ne partent pas immédiatement, qu'est-ce qui leur arrivera?

Le pronom d'objet direct

1. Quel est le problème dans le paragraphe suivant?

Il y a une figurine de chat. André regarde **la figurine**. Il admire **la figurine**. André veut rapporter **la figurine** comme souvenir. Mais moi, je n'aime pas **la figurine**. Je ne veux pas rapporter **la figurine**.

2. Quels mots est-ce qu'on a mis au lieu des noms en caractères gras dans le paragraphe suivant?

Il y a une figurine de chat. André **la** regarde. Il **l'**admire. André veut **la** rapporter comme souvenir. Mais moi, je ne **l'**aime pas. Je ne veux pas **la** rapporter.

3. Quels mots est-ce qu'on utilise pour remplacer les noms? Où est-ce qu'on met les pronoms *le, la l', les* quand :

  a) il y a seulement un verbe?

  b) il y a un infinitif?

  c) la phrase est négative?

Application

Récris le paragraphe suivant en remplaçant les mots en couleur par des pronoms.

1. Je vois un coffre de bijoux. J'inspecte **le coffre**. Je veux ouvrir **le coffre**, mais je n'ai pas la clef. Si je peux trouver **la clef**… Voilà **la clef**. J'ouvre **le coffre**! Puis, je trouve une tasse en or. Je mets **la tasse** dans mon sac. Et voilà une belle bague. Je mets **la bague** à mon doigt. Je vais prendre **la bague** aussi!

CINQ

Pour éviter la répétition des noms, on utilise les pronoms *le*, *la*, *l'* et *les*. Regarde le nom que tu veux remplacer par un pronom. Détermine le genre et le nombre du nom, et tu sais quel pronom utiliser.

Nom	Pronom d'objet direct
m.sg.	= le, l'
f.sg.	= la, l'
pl.	= les

Attention! Si le verbe commence par une voyelle ou par un *h* muet, il faut utiliser *l'*.

J'inspecte **le coffre**. - - - - - ▸ Je l'inspecte.

La place du pronom d'objet direct

un verbe - - - - - - - - - - - - ▸ Je **le** ramasse.
Je ne **le** ramasse pas.

un verbe + un infinitif - - - - - ▸ Je veux **l'**ouvrir.
Je ne veux pas **l'**ouvrir.

Références : le pronom d'objet direct, pp. 193–195, 197.

As-tu remarqué?

Quand tu veux parler de ton souvenir, n'oublie pas que tu peux éviter la répétition du nom en le remplaçant par le pronom sujet. C'est très simple! Voici des exemples :

a) Je vais vous montrer **un œuf** de dinosaure. **Il** est très gros.

b) Voici mon souvenir, **une casquette de baseball**. **Elle** appartient à Hank Aaron.

c) Comme souvenir, j'ai rapporté **ces bijoux**. **Ils** sont très beaux.

d) Moi, j'ai rapporté **des peintures** impressionnistes. **Elles** valent beaucoup d'argent!

Références : le pronom sujet, p. 206.

Activités

orales et écrites

1. Pense à quelques objets qu'on a mis dans la tombe pour le pharaon. Explique pourquoi le pharaon en aura besoin.

2. Peux-tu deviner comment Anne-Laure et André ont indiqué leur route dans la tombe? Quels objets ont-ils employés?

3. Imagine que tu es aussi dans la tombe. Quel objet choisis-tu comme souvenir? À deux, décrivez votre objet et expliquez pourquoi vous l'avez choisi.

4. Qui est l'homme qui est sorti de la tombe? Qu'est-ce qu'il a fait dans la tombe? Pourquoi porte-t-il un sac? Pourquoi a-t-il peur en voyant les ados? Imagine que tu es cet homme et écris son journal pour expliquer ce mystère.

Voici un exemple du journal intime d'André.

Le 23 août 1812 [la date]   La Russie [le lieu]

Nous rencontrons un petit tambour dans l'armée de Napoléon. Il a 12 ans, il a l'air fatigué, et il est courageux. [la description de la personne rencontrée]

Nous attendons l'empereur avec le petit tambour. Il nous parle de la campagne de Russie. Enfin, nous voyons Napoléon. [ce qui s'est passé pendant l'aventure]

Je suis stupéfait. Quelle journée incroyable! [les réactions d'André]

Avant d'écrire

Pour écrire un journal intime, tu dois :
- donner la date et le lieu;
- décrire les personnes que tu as rencontrées ou que tu as vues;
- décrire les événements qui se sont passés;
- décrire tes réactions et tes sentiments.

À la tâche

5. Réfère-toi à l'itinéraire que tu as déjà préparé. Choisis une date, une destination et un souvenir à rapporter au présent. Tu vas montrer ton souvenir aux autres élèves et expliquer son importance et pourquoi tu l'as choisi.

Pour préparer ta présentation, écris une brève description, de quatre à cinq lignes, de ton voyage. Où as-tu voyagé? Qui as-tu rencontré? As-tu rencontré une personne célèbre du passé? Pourquoi as-tu choisi cette destination? Puis, décris ton souvenir. D'où vient le souvenir? À qui est-ce qu'il appartient? Mets cette description dans ton album. Si tu veux, colle une photo ou un dessin du souvenir dans l'album.

Puis, présente ton souvenir aux autres élèves.

Vocabulaire utile

- appartenir à   • un événement   • se passer   • rencontrer   • le trésor   • voler

N'oublie pas ton vocabulaire personnel dans ton cahier.

CINQ

Info-culture

Les hiéroglyphes

Pendant 1400 ans, on ne savait pas lire les hiéroglyphes. Voici comment on a découvert le secret.

L'histoire commence en 1799, quand l'armée de Bonaparte envahit l'Égypte. Un officier français découvre ce qu'on appelle la pierre de Rosette (nommée d'après la ville où il l'a découverte). Sur cette pierre, il y a deux textes. Un texte est écrit en grec et l'autre en hiéroglyphes. Enfin, on peut comparer la mystérieuse écriture hiéroglyphique avec une langue connue.

Voici un extrait du journal de Jean-François Champollion, un jeune Français qui se passionne pour l'histoire égyptienne, et qui trouve la solution en 1822.

Le 14 septembre 1822   Paris

Hier, mon ami Huyot m'a envoyé plusieurs dessins des hiéroglyphes.
Si je les compare à la pierre de Rosette, peut-être que je
trouverai les mêmes symboles que j'ai déjà déchiffrés.

D'autres chercheurs croient que les
hiéroglyphes sont des symboles, c'est-
à-dire que chaque hiéroglyphe signife
une chose. Par exemple, ce cercle
signifie «soleil». On ne croit pas que les
hiéroglyphes sont phonétiques, c'est-
à-dire qu'ils représentent des sons.

Moi, je crois que l'écriture hiéroglyphique est basée sur les deux
systèmes : parfois un hiéroglyphe est un symbole, et parfois il
représente un son. Mais c'est une hypothèse. Je dois la prouver...

Ce jour-là, Champollion a réussi à prouver son hypothèse. Voici un
exemple pour expliquer sa découverte :

Le losange représente le son «r». Le bras représente le son «a».
Le losange et le bras indiquent la prononciation. (Donc, le mot se
prononce «ra».) Mais on ne connaît toujours pas le sens de ce mot.

Alors, on ajoute le hiéroglyphe du cercle, qui a un sens symbolique.
Le cercle signifie le soleil. Mais sans le symbole du soleil, les deux
autres hiéroglyphes peuvent avoir un sens différent. Le
cercle indique que ces symboles ont le sens de «soleil».

www.
Pour plus de renseignements
sur les Info-cultures, visite
notre site Web à :
www.pearsoned.ca/school/fsl

CINQ

- Écoute les sons sur la cassette. Qu'est-ce qui se passe?
- Connais-tu l'histoire du plus célèbre navire du 20ᵉ siècle? Comment s'appelle-t-il?

UNE RENCONTRE AVEC LE DESTIN

C'est le tour d'André de choisir une destination. Il veut voir une bataille de la Première Guerre mondiale.

Le 10 avril 1912 — Southhampton, Angleterre

Nous sommes dans une grande foule joyeuse. Les gens portent des vêtements démodés : les femmes portent de longues robes et de grands chapeaux. Plusieurs gens ont des bouquets de fleurs.

— Où sommes-nous? demande Anne-Laure. Que font tous ces gens? Ce n'est pas un champ de bataille, et ces gens ne sont pas des soldats!

— Hé! vous deux! Vous parlez français? nous demande un jeune garçon. Cherchez-vous aussi le bateau?

Le garçon doit avoir 16 ans. Il a l'air enthousiaste. J'ai l'impression que je l'ai déjà vu, mais comment est-ce possible?

— Quel bateau? demande Anne-Laure.

— Le Titanic, bien sûr! répond-il. Vous êtes passagers? Moi aussi! Je m'appelle Philippe Vaillant. Je suis venu de la France pour aller à New York à bord du Titanic. On m'a dit que c'est le plus grand, le plus rapide, le plus luxueux navire, et que c'est le meilleur navire au monde. Il y a un gymnase, un spa, une piscine, un casino et deux restaurants. C'est super! C'est le navire le mieux construit au monde. On dit qu'il est insubmersible.

CINQ

123

Le Titanic! Nous nous regardons avec horreur. S'il monte à bord, Philipe va mourir!

— Nous devons l'avertir! chuchote Anne-Laure.

À ce moment-là, on entend le cri «Tout le monde à bord!»

— Zut! s'exclame Philippe. Le navire part! Vite!

— Laissons-le monter! dis-je à Anne-Laure. Nous ne devons pas changer le passé.

— Mais André, je crois que Philippe est notre arrière-grand-père. Il s'appelle Vaillant! Grand-maman m'a raconté l'histoire d'un Vaillant qui est venu au Canada en 1912. Je suis certaine que c'est lui! Il ressemble à grand-papa. Il doit être notre arrière-grand-père.

Ah non! Que faire? Si Anne-Laure a raison et que Philippe monte à bord, nous ne serons pas nés!

— J'ai un plan, chuchote Anne-Laure. Si nous continuons à lui parler, il manquera le bateau.

Quelquefois, elle n'est pas si bête, ma sœur.

— Attends, Philippe! Nous avons encore quelques minutes, lui dis-je. Désespérément, Anne-Laure et moi, nous pensons à quelque chose à dire…

As-tu compris?

1. Comment est-ce que les ados savent qu'ils ne sont pas arrivés à la bonne destination?

2. Qui est Philippe et d'où vient-il?

3. Pourquoi le Titanic est-il le meilleur navire du monde, selon Philippe? Donne trois raisons.

4. Quel est le plan d'Anne-Laure?

Le comparatif et le superlatif

1. Pour comparer deux choses ou deux personnes :

L'Olympic est grand.
Le Britannic est *plus* grand que l'Olympic.
Comment forme-t-on le comparatif des adjectifs?

2. Pour comparer deux actions :

M. Straus mange vite.
Mme Astor mange *plus* vite que M. Straus.
Comment forme-t-on le comparatif des adverbes?

As-tu remarqué?

Pour former le comparatif des adjectifs et des adverbes :

plus + un adjectif/un adverbe + que + un nom

3. Pour comparer plus de deux choses ou plus de deux personnes :

L'Olympic est grand.
Le Britannic est *plus* grand que l'Olympic.
Le Titanic est *le plus* grand.

4. Pour comparer plus de deux actions :

M. Straus mange vite.
Mme Astor mange *plus* vite que M. Straus.
M. Guggenheim mange *le plus* vite.

As-tu remarqué?

Pour former le superlatif des adjectifs et des adverbes :

le/la/les + plus ou **moins + un adjectif**
le + plus ou **moins + un adverbe** (invariable)

meilleur
5. Le Britannic est ~~plus bon~~ que l'Olympic.

Quel adjectif est irrégulier au comparatif et au superlatif?
Quelle est la forme correcte?

CINQ

mieux

6. L'avion marche <del>plus bien</del> que la voiture.

le mieux

Mais le tempomobile marche <del>le plus bien</del> des trois inventions.

Quel adverbe est irrégulier au comparatif et au superlatif?
Quelle est la forme correcte?

Hum… quelle est la règle?

L'adjectif *bon* et les adverbes *bien* et *mal* ont des formes spéciales au comparatif et au superlatif.

l'adjectif	au comparatif	au superlatif
bon	meilleur que	le meilleur
bonne	meilleure que	la meilleure
bons	meilleurs que	les meilleurs
bonnes	meilleures que	les meilleures

les adverbes	au comparatif	au superlatif
bien	mieux que	le mieux
mal	pire que	le pire

Références : *bon* et *bien, mal*, pp. 211, 214.

Application

1. Réfère-toi à l'itinéraire que tu as déjà préparé. Classe les destinations, les personnes à visiter et les souvenirs sous la forme d'un tableau du comparatif et du superlatif.

2. Puis, complète ce tableau pour les autres catégories. À deux, comparez vos tableaux. Expliquez pourquoi vous avez classé les catégories au comparatif et au superlatif. Est-ce que votre partenaire est d'accord?

Exemple : Destination

A. Cooperstown est une bonne destination.

B. L'Égypte antique est une meilleure destination que Cooperstown.

C. Southampton est la meilleure destination.

Activités

orales et écrites

1. Avant d'aller en Angleterre pour son voyage sur le Titanic, Philippe a acheté son billet dans une agence de voyages en France. Quelles questions pose-t-il? Quelles réponses l'agent donne-t-il? À deux, jouez les rôles de Philippe et de l'agent de voyages.

Avant de parler

À l'agence de voyages, on achète un billet.
- Est-ce un billet aller-simple ou aller-retour?
- Est-ce un billet de première, deuxième ou troisième classe?
- Combien coûte le billet?
- Quand est-ce que le navire/le train/l'autobus part? D'où part-il?
- Quand/À quelle heure est-ce qu'on arrive à destination?

2. Imagine que tu es Philippe et que tu te prépares pour ton voyage sur le Titanic. Qu'est-ce que tu vas mettre dans ton sac à dos? Prépare une liste.

3. Imagine que tu es un passager à bord du Titanic avant le naufrage. Voyages-tu en première, deuxième ou troisième classe? Comment est-ce que tu t'amuses? Imagine une journée typique sur le navire. Quels sont tes loisirs? Où est-ce qu'on dîne? Qu'est-ce qu'on mange? En petits groupes, comparez vos journées typiques. Choisissez les meilleurs loisirs, dressez une liste et présentez votre liste aux autres élèves. Les élèves vont choisir la meilleure journée possible sur le navire.

4. Imagine que tu travailles pour une compagnie de marketing qui fait la publicité pour le tout premier voyage du Titanic. Crée une publicité pour annoncer le Titanic. Explique pourquoi le Titanic est le meilleur navire du monde.

À ton avis

À trois, jouez les rôles d'André, d'Anne-Laure et de Philippe. Le frère et la sœur doivent parler pour que Philippe manque le bateau. Imaginez la conversation entre les trois ados. De quoi est-ce qu'ils parleront? Vous ne devez pas parler de l'avenir à Philippe.

À la tâche

5. Maintenant, regarde l'itinéraire que tu as déjà préparé. Choisis une destination, une période de l'histoire et une personne à visiter. Dans ton journal, décris ton voyage et écris tes impressions. Où est-ce que tu as voyagé? Pourquoi est-ce que tu as choisi cette période de l'histoire? Qui as-tu rencontré? Qu'est-ce qui s'est passé pendant ton voyage? Cette description fait partie de la tâche finale. Mets-la dans ton album.

Vocabulaire utile

- une chaloupe
- manquer
- le naufrage
- insubmersible
- nager
- voyager

N'oublie pas ton vocabulaire personnel dans ton cahier.

La tâche finale

Maintenant, est-ce que tu as inclus toutes ces choses dans ton album? Est-ce que tu as :

- un dialogue d'une rencontre avec une personne du passé pour expliquer ton apparence et ton équipement inconnus;

- un itinéraire d'un voyage imaginaire;

- une brève description d'un objet du passé (un souvenir) que tu as rapporté, avec une explication de son importance pour toi;

- un journal intime qui raconte un de tes voyages dans le passé. Où est-ce que tu as été? Pourquoi? Qui as-tu rencontré? Qu'est-ce qui s'est passé?

Soirée des étoiles

Dans cette unité, tu vas…

Parler
- des différents moyens d'expression artistique;
- de tes artistes préférés.

Découvrir
- les artistes préférés de tes ami(e)s;
- quelques artistes francophones.

Apprendre
- à utiliser les pronoms d'objets indirects *lui* et *leur*;
- à prononcer les liaisons;
- à écrire une lettre.

La tâche finale

Il y aura une soirée des étoiles à ton école. Comme membre du comité organisateur, tu vas :

- écrire une lettre pour inviter ton artiste ou groupe préféré à la soirée;
- créer une publicité radiophonique;
- faire une présentation de ton artiste ou groupe préféré.

Allons-y!

Écoute les jeunes artistes parler et fais l'activité à la page 122 du cahier.

CAHIER

1

As-tu déjà assisté à un festival des arts? Quels artistes as-tu vus? Quel était le thème du festival?

2

Quel est ton moyen d'expression artistique préféré?

3

Est-ce que ton école présente un festival des arts ou une soirée des étoiles? Quand? Qui participe au festival?

Avant de lire

- Il est midi à la cafétéria de l'école secondaire Trudeau. Écoute la conversation entre quatre élèves de neuvième année. Puis fais l'activité à la page 123 de ton cahier.

Une Soirée des étoiles... et nous y participons!

Maintenant, lis le reste de la conversation entre Claudine, Alex, Jasmine et Marc.

Claudine : J'ai une idée géniale… Nous pouvons faire le dépliant publicitaire pour la Soirée des étoiles!

Marc : On va nous prendre au sérieux?

Jasmine : Mais Claudine a déjà dit que son représentant de classe a besoin de volontaires pour faire de la publicité.

Alex : Et peut-être qu'on nous donnera des billets d'entrée gratuits!

Marc : Ah… tu penses assister à la soirée?

Alex : Ah oui! Il faut avoir l'esprit ouvert. Hé, Claudine! voilà David Williams le jongleur…

Claudine : Ah non! Je suis trop timide. Je ne lui parlerai pas!

Jasmine : Alex, est-ce que tu pourrais demander à ton oncle, le magicien, de présenter un numéro au spectacle?

Marc : Et peut-être donner des leçons de magie!

Alex : Oui, bien sûr. Je lui téléphonerai ce soir.

Jasmine : Et moi, je peux écrire au groupe La Volée d'Castors. Vous aimerez beaucoup leur musique.

Marc : Mais ce groupe va demander beaucoup d'argent, non?

Claudine : Pas nécessairement… Tu leur dis que c'est un événement au profit d'organismes de charité. En classe, le représentant a dit qu'on va distribuer tout l'argent gagné au cours de la soirée à des organismes de charité. Et la soirée va rapporter beaucoup d'argent. Ce genre d'événement est toujours très populaire!

Jasmine : Et nous allons y participer! Génial!

Le lendemain matin, Claudine parle à son représentant de classe. Il accepte son offre avec enthousiasme. Il invite les quatre amis à une réunion du comité organisateur. Jasmine apporte son disque compact du groupe La Volée d'Castors à la réunion. Elle montre le disque aux membres du comité et leur demande d'écouter une chanson. Tout le monde trouve la musique du groupe très agréable. Ils demandent à Jasmine d'écrire une lettre d'invitation au groupe.

Claudine : Alex, parle au comité à propos de ton oncle.

Alex : Eh bien, mon oncle est magicien depuis des années.

Un membre du comité : Magicien professionnel?

Alex : Non. Il travaille dans une banque, mais il présente des numéros de magie pour les clubs et les organismes de charité.

Un membre : Alors, il peut participer au spectacle?

Alex : Je lui ai téléphoné hier soir et il a dit qu'il aimerait bien participer.

La présidente du comité : Combien d'argent va-t-il demander? Nous n'avons pas un gros budget.

Alex : Il m'a dit qu'il va offrir ses services gratuitement puisque c'est pour des organismes de charité.

La présidente : Formidable!

Marc : Est-ce que tu lui as parlé des leçons de magie?

Alex : Oui. Il fera des démonstrations de quelques tours de magie très simples après le spectacle.

Un membre : J'ai une idée… Nous pouvons demander une petite somme pour la leçon!

La présidente : Excellent! Moi, j'ai une autre idée… Si vous vous y intéressez encore, vous pourriez former le comité publicitaire pour notre soirée.

Marc : Oui, bien sûr! Au travail, mes amis! J'ai un tas d'autres idées!

As-tu compris?

1. Quelle est l'idée de Claudine?

2. Qu'est-ce qu'Alex va demander à son oncle?

3. Qu'est-ce que Jasmine va faire?

4. À qui est-ce que l'école donnera l'argent gagné au cours de la Soirée?

5. Avec qui est-ce que les quatre amis ont une réunion?

6. Où est-ce que l'oncle d'Alex travaille?

7. L'oncle d'Alex va demander combien d'argent pour participer à la Soirée?

8. Qu'est-ce que son oncle fera après son numéro?

Les pronoms d'objets indirects *lui, leur*

1. Associe chaque illustration à une des situations suivantes.

a) — Alex, est-ce que tu pourrais demander à ton oncle de faire un numéro au spectacle?
— Oui, bien sûr. Je **lui** téléphonerai ce soir.

b) Jasmine montre le disque aux membres du comité et elle **leur** demande d'écouter une chanson.

c) — Hé, Claudine! voilà David Williams, le jongleur...
— Ah non! Je suis trop timide. Je ne **lui** parlerai pas!

2. Quels mots les pronoms en couleur remplacent-ils?

3. Où est-ce qu'on place les pronoms *lui* et *leur*?

4. Quelle est la place du pronom quand la phrase est négative?

**Application**

A. Réponds aux questions suivantes. Remplace l'expression soulignée par *lui* ou *leur*, selon le cas.

Exemple : Tu écriras <u>à ton cousin</u>?
              Oui, je lui écrirai.

1. Tu expliqueras la situation <u>à tes parents</u>?

2. Tu montreras ton dessin du dépliant <u>à la présidente du comité</u>?

3. Tu répondras <u>au professeur</u>?

4. Tu parleras <u>aux artistes du groupe</u>?

B. Mets les phrases suivantes au négatif.

1. Je leur réponds.

2. Nous leur expliquons le problème.

3. Elle lui demande de partir.

4. Nous leur disons bonjour.

s i x

Hum… quelle est la règle?

Je parle **à mon ami**.　　　　Je **lui** parle.

Je parle **à mes amis**.　　　　Je **leur** parle.

Je ne parle pas **à mon ami**.　　　　Je ne **lui** parle pas.

Je ne parle pas **à mes amis**.　　　　Je ne **leur** parle pas.

Références : les pronoms d'objets indirects *lui*, *leur*, pp. 196–197.

La Volée d'Castors

Groupe vedette de la Soirée des étoiles

La Volée d'Castors est un groupe québécois qui vient d'apparaître sur la scène musicale. Les six membres du groupe sont jeunes, énergiques et très contents de leur récent succès. Le groupe a commencé il y a cinq ans et les jeunes adorent leur musique de style traditionnel. Les membres du groupe s'inspirent de la musique folklorique. Leur disque compact le plus récent s'appelle «Par monts et par vaux».

Mathieu Lacas   Frédéric Bourgeois   Nicolas Froment   Sébastien Parent   Martin Mailhot   Réjean Brunet

Mathieu Lacas est le violoniste du groupe. Il fait de la musique depuis l'âge de cinq ans.

Frédéric Bourgeois joue de l'accordéon et de l'harmonica. Il est responsable du rythme.

Nicolas Froment joue de la guitare et de la mandoline.

Sébastien Parent joue de la guitare et du banjo.

Martin Mailhot joue de l'accordéon. Il travaille sur les arrangements musicaux.

Réjean Brunet joue de la contrebasse et du piano.

www.
Pour plus de renseignements sur les Info-cultures, visite notre site Web à :
www.pearsoned.ca/school/fsl

1. Tu as entendu parler de la Soirée des étoiles de l'école secondaire Trudeau. Tu voudrais beaucoup y assister. À deux, inventez un dialogue où vous invitez votre partenaire à la Soirée. Il faut lui expliquer quelques détails de l'événement. Si ton ou ta partenaire ne veut pas y assister, il faut le ou la persuader. Référez-vous à la page 36 du livre pour les expressions à utiliser pour les invitations. Vous pouvez aussi utiliser l'activité à la page 129 du cahier comme modèle.

2. Imagine qu'il y aura un festival des arts ou une soirée des étoiles à ton école et que tu fais partie du comité organisateur. Tu veux inviter ton artiste ou ton groupe préféré au festival, mais d'abord il faut demander la permission du comité.

Fais quelques recherches au sujet de ton artiste ou de ton groupe. Écris une description contenant des informations biographiques. Si c'est possible, fais des recherches sur Internet. Pour préparer la description de ton artiste ou de ton groupe, utilise la page 130 de ton cahier. Prends note : Tu auras besoin de ces informations à la fin de l'unité afin de présenter ton artiste ou ton groupe à la classe.

3. Maintenant, il faut organiser la Soirée des étoiles de ton école. D'abord il faut préciser les détails suivants :

a) le nom de la soirée;

b) le lieu précis de la soirée dans l'école;

c) la date de la soirée;

d) l'heure de la soirée;

e) ton artiste ou ton groupe vedette;

f) au moins cinq moyens d'expression artistique qui vont être présentés à la soirée;

g) des organismes de charité qui vont bénéficier des profits de la soirée.

Vocabulaire utile

- l'artisanat
- la jonglerie
- la mode
- la poterie

- la comédie
- la littérature
- la musique
- la sculpture

- la cuisine
- la magie
- la peinture
- le théâtre

- la danse
- le mime
- la photographie

N'oublie pas ton vocabulaire personnel dans ton cahier.

● À la tâche

4. Maintenant, il faut écrire une lettre pour inviter ton artiste ou ton groupe préféré à participer à la soirée. Dans ta lettre, n'oublie pas de mentionner le nom, la date, l'heure et le lieu de la soirée. Tu peux aussi préciser l'organisme de charité qui va recevoir les profits.

Réfère-toi au modèle suivant. Écris un brouillon de ta lettre et échange-le avec celui d'un(e) camarade de classe, pour lui demander son opinion. Puis révise ton brouillon et recopie ta lettre. Mets-la dans ton portfolio.

l'en-tête

École secondaire Trudeau
14, rue Principale
Francoville, Ontario
K0A 1B0

le lieu et la date

Francoville, le 2 mars 2000

le destinataire

Monsieur Frédéric Bourgeois
La Volée d'Castors
950, chemin Archambault
Crabtree, Québec
J0K 1B0

l'appel

Monsieur,

Nous sommes en train d'organiser une soirée à notre école secondaire. Elle aura lieu le jeudi, 24 avril à l'école. Nous vous écrivons pour vous demander d'être le groupe vedette de la soirée. Si vous acceptez, votre spectacle aura lieu à 20 h, après la cérémonie d'ouverture. Veuillez nous répondre dans les plus brefs délais.

la salutation

Veuillez accepter, Monsieur, l'expression de nos sentiments les plus sincères.

la signature

Jasmine Mahood

Jasmine Mahood
Membre du Comité
organisateur
La Soirée des étoiles

Avant de lire

Marc et Alex assistent aux auditions pour le spectacle musical.

- Écoute leur conversation et fais l'activité à la page 131 de ton cahier.

Le Trudeau

La voix des élèves de l'école secondaire Trudeau   le 7 mars 2000

La Soirée des étoiles approche!

Votre reporter Marc D. a fait la connaissance de Paulette Lagrange et Victor Sanchez aux auditions pour la Soirée des étoiles, qui aura lieu le 24 avril. Le comité qui sélectionne les artistes a vraiment été impressionné par les deux musiciens. On leur a demandé de participer à cette soirée de musique, de spectacles comiques et de théâtre. Après les auditions, chaque groupe a dû participer à une séance de questions et réponses. J'ai trouvé l'histoire de Paulette et de Victor très intéressante. La voici.

Quand est-ce que vous avez commencé à jouer et chanter ensemble?

Paulette : J'ai fait la connaissance de Victor en huitième année, quand il est arrivé au Canada. Il est né au Guatemala. Ma mère est mexicaine, donc je parle espagnol. Victor ne parlait pas bien français, alors je lui ai parlé en espagnol. Nous sommes devenus amis et nous avons commencé à faire de la musique ensemble.

Victor : Au début, nous avons joué des chansons traditionnelles, mais Paulette voulait qu'on crée des chansons ensemble. C'est donc moi qui compose la musique et c'est elle qui écrit les paroles. Paulette est une poète formidable.

Est-ce que vous jouez d'autres instruments?

Victor : Quelquefois, je joue de la flûte traditionnelle de mon pays, quelquefois des instruments de percussion.

Paulette : Pas moi! J'ai assez d'ennuis avec la guitare!

Paulette, quels styles de musique aimes-tu?

Paulette : Bien sûr, j'adore la musique latine. Mais j'aime aussi le jazz, le blues et la musique folklorique. Tout le monde dans ma famille a des goûts différents. Ma mère, par exemple, aime la musique arabe et japonaise.

Est-ce que toutes vos chansons sont rythmées?

Victor : Pas du tout. Les organisateurs ont demandé qu'on présente des chansons rythmées. Je leur ai expliqué que nous préférons les ballades. À la Soirée des étoiles, nous chanterons aussi des ballades.

SIX

Y a-t-il un message que vous voulez communiquer par votre musique?

Victor : J'essaie d'exprimer des émotions : le bonheur, la joie, la tristesse. Le message dépend de mes émotions au moment où je compose la chanson.

Paulette : Et je veux aussi qu'on apprécie la musique latine.

Pensez-vous à une carrière professionnelle?

Paulette : Être des vedettes… faire des disques… C'est un beau rêve, n'est-ce pas? Nos parents nous ont posé la même question. Nous leur avons promis de terminer nos études avant de penser à ça.

Est-ce important pour vous de participer à la Soirée des étoiles?

Victor : Oui, certainement. C'est l'occasion de se faire de nouveaux amis et de rencontrer d'autres artistes. Je fais de la sculpture à la maison, et je voudrais voir les sculptures des autres élèves et leur parler.

Paulette : À mon avis, un événement comme ça permet aux gens de s'amuser et d'échanger leurs opinions. Quelqu'un m'a dit qu'il y aura un magicien. J'ai hâte de lui demander comment il fait ses tours de magie!

As-tu compris?

Sur une feuille, indique si les phrases suivantes sont vraies ou fausses. Corrige les phrases fausses.

1. Victor est né au Mexique.

2. Au début, Paulette lui a parlé en anglais.

3. Victor joue de la guitare, de la flûte et des instruments de percussion.

4. La mère de Paulette aime la musique arabe et russe.

5. Les chansons préférées du duo sont les ballades.

6. La musique de Victor est basée sur ses émotions.

7. Paulette veut promouvoir la musique française.

8. Avant de devenir musiciens professionnels, Paulette et Victor ont promis à leurs parents d'essayer d'autres carrières.

9. Victor veut parler de la sculpture aux autres élèves.

10. Paulette a hâte de voir le jongleur.

As-tu observé?

I. *Lui, leur* et le passé composé

1. Lis les phrases suivantes tirées de l'article du journal de l'école.

   a) On **leur** a demandé de participer à cette soirée.

   b) Je **lui** ai parlé en espagnol.

   c) Nous **leur** avons promis de terminer nos études.

2. À quoi se rapportent les pronoms en couleur?
   - à nos parents?
   - à Paulette et Victor?
   - à Victor?

3. Les phrases du numéro 1 sont au passé composé. Où est-ce qu'on place le pronom dans ces phrases?

4. Lis la situation suivante.

   Marc et Alex ont décidé de se présenter à l'audition pour la soirée. Leur numéro de comédie était un désastre! Le comité **ne leur** a **pas** demandé de participer au spectacle.

5. Quelle est la place du pronom quand la phrase est négative?

II. *Lui, leur* et les infinitifs

1. Lis les phrases suivantes.

   a) Nous pouvons **leur** poser cette question.

   b) Je voudrais **leur** demander s'ils chantent aussi des ballades.

   c) Nous devons **leur** demander s'ils pensent à d'autres carrières.

   d) Je vais **lui** poser cette question.

   e) Tu ne peux pas **lui** poser cette question!

2. Quand on a un verbe comme *aller, devoir, pouvoir* ou *vouloir* suivi d'un infinitif, où met-on le pronom *lui* ou *leur*?

3. Où est-ce qu'on place *ne... pas* pour former une phrase négative?

s i x

Application

1. Mets les phrases suivantes au négatif.

   a) Je lui ai parlé en français.

   b) Vous lui avez promis de faire vos devoirs.

   c) Il leur a montré ses tours de magie.

   d) Jasmine leur a écrit une lettre.

   e) Alex lui a téléphoné.

   f) Les membres du comité leur ont demandé de faire de la publicité.

2. Fais de nouvelles phrases en ajoutant les verbes entre parenthèses. Fais attention à l'ordre des mots!

Exemple : Je lui parle ce soir. (aller)
Je vais lui parler ce soir.

   a) Nous leur expliquons le problème. (devoir)

   b) Je lui parle en français. (aimer)

   c) Tu lui réponds, n'est-ce pas? (aller)

   d) Elles ne leur répondent pas. (pouvoir)

   e) Je lui dis «bonne fête». (vouloir)

   f) Vous ne lui téléphonez pas. (pouvoir)

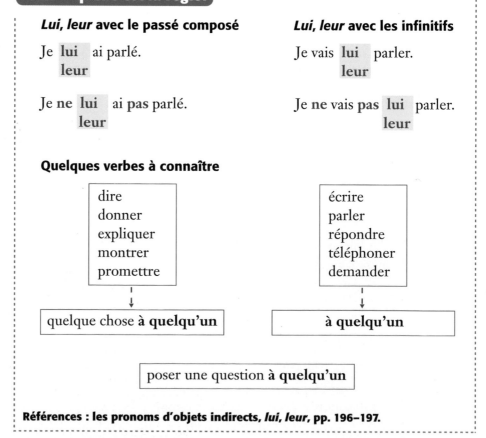

Hum… quelle est la règle?

Lui, leur avec le passé composé

Je **lui** ai parlé.
leur

Je ne **lui** ai pas parlé.
leur

Lui, leur avec les infinitifs

Je vais **lui** parler.
leur

Je ne vais pas **lui** parler.
leur

Quelques verbes à connaître

| dire |
| donner |
| expliquer |
| montrer |
| promettre |

↓

quelque chose **à quelqu'un**

| écrire |
| parler |
| répondre |
| téléphoner |
| demander |

↓

à quelqu'un

poser une question **à quelqu'un**

Références : les pronoms d'objets indirects, *lui, leur*, pp. 196–197.

Activités

orales et écrites

1.  À deux, préparez et présentez une entrevue avec l'artiste ou un membre du groupe que vous avez invité à participer à la Soirée des étoiles. Vous jouez le rôle de l'artiste et votre partenaire joue le rôle d'un ou d'une journaliste.

Utilisez la page 136 de votre cahier pour composer les questions que vous allez poser à votre partenaire. Vous pouvez aussi noter ses réponses sur cette page. Vous allez utiliser ces informations dans l'activité suivante.

2. Maintenant, écris un article de journal au sujet de l'artiste de ton ou ta partenaire. Dans l'article, résume l'entrevue que tu as faite dans l'activité précédente. Réfère-toi à tes notes dans le cahier.

3. Dans l'activité suivante, tu vas préparer une publicité radiophonique pour la Soirée des étoiles de ton école. Comme préparatif, écoute la publicité que Claudine et Jasmine ont créée et fais l'activité à la page 137 de ton cahier.

4. Maintenant, à deux, préparez et présentez une publicité radiophonique de trente secondes pour la Soirée des étoiles de votre école. Référez-vous au modèle à la page 137 de votre cahier. Si vous voulez, vous pouvez ajouter de la musique et des effets sonores. Vous pouvez enregistrer votre annonce à l'avance et la jouer pour la classe.

Avant de parler

Pour créer une bonne publicité radiophonique, il faut :
- décrire la Soirée des étoiles (la date, l'heure, le lieu, l'artiste ou le groupe vedette, les moyens d'expression artistique);
- persuader les gens qui écoutent la radio d'assister à la soirée;
- expliquer pourquoi tout le monde va s'amuser.

À ton avis

La vie d'artiste est-elle difficile? Décris quelques avantages et inconvénients de la vie d'artiste. Explique pourquoi tu aimerais ou n'aimerais pas être un(e) artiste.

Vocabulaire utile

- s'amuser
- exprimer
- faire la connaissance de quelqu'un
- les paroles d'une chanson
- avoir hâte de
- faire de la sculpture
- jouer d'un instrument de musique
- rencontrer

N'oublie pas ton vocabulaire personnel dans ton cahier.

Les Nubians

Hélène et Célia Faussart sont deux sœurs de Bordeaux, en France, qui viennent de lancer leur premier album intitulé «Princesses Nubiennes». Ces deux artistes chantent principalement en français et sont influencées par la musique africaine. Leur père est français et leur mère camerounaise. En plus, elles ont passé plusieurs années au Tchad, en Afrique.

Les deux femmes ont commencé à chanter quand elles étaient petites. Aujourd'hui, leur musique hip-hop est un mélange de jazz, de rythme «funk», de «soul» britannique et de «cool» français. Elles s'inspirent de rappeurs français comme MC Solaar. Le chanteur Youssou N'Dour a beaucoup influencé les deux sœurs. Il est du Sénégal et on dit qu'il est le roi de la musique dans son pays.

Avec leur premier album, Hélène et Célia ont voulu faire découvrir la musique franco-africaine aux gens de tous les pays du monde. Même si on ne parle pas français, on peut apprécier leur musique.

www.
Pour plus de renseignements sur les Info-cultures, visite notre site Web à :
www.pearsoned.ca/school/fsl

SIX

La Soirée des étoiles... quelle brillante soirée!

À quels événements de la Soirée des étoiles est-ce que tu t'intéresses? Choisis dans la liste suivante et explique tes choix à ton ou ta partenaire.

- des concerts (La Volée d'Castors, Paulette et Victor, l'orchestre de l'école, le chœur de jazz de l'école)
- des comiques
- un jongleur
- un magicien
- une exposition de peinture, de sculpture, de photographie, de poterie et de mode
- la cuisine multi-ethnique

Jasmine : Bonjour! Alors, vous avez aimé la Soirée?

Marc : Oui! Nous avons vu beaucoup de spectacles. J'ai adoré le concert de Paulette et Victor. La voix de Paulette est très belle et la musique latine est vraiment captivante.

Alex : Vous savez… j'ai passé une soirée très agréable. Maintenant, l'art m'intéresse. C'est fantastique, n'est-ce pas? Tout ce talent dans notre école!

Claudine : J'ai adoré le spectacle de jonglerie de David Williams. C'était très impressionnant! Et quand il a choisi Jasmine pour l'aider… Jasmine,… ton visage! Tu nous as fait beaucoup rire!

Marc : Et j'ai manqué ça! Je suis vraiment désolé.

Jasmine : J'ai beaucoup aimé les vêtements de Maria, surtout les jupes.

Claudine : Oui. En effet, l'exposition des artisans était remarquable. J'ai acheté un petit vase pour l'anniversaire de ma sœur.

Jasmine : Et moi, j'ai parlé à Maria. J'ai l'intention d'acheter une jupe… quand j'aurai de l'argent.

Marc : Mon seul regret… Paulette et Victor n'ont pas enregistré de disque. Mais j'ai acheté le disque compact de La Volée d'Castors.

Alex : Moi aussi. J'ai trouvé les paroles de leurs chansons originales, et la musique est mélodieuse.

Claudine : J'ai aussi vu un tableau que j'aime. Les lignes et les couleurs sont si belles! J'ai parlé à l'artiste. Je crois que je lui ai fait plaisir. Elle dit qu'elle ne pense pas à vendre ses œuvres, mais il est possible qu'elle me donne ce tableau à la fin de l'année scolaire!

Marc : Tu as de la chance! Alex, ton oncle a eu beaucoup de succès. Tout le monde parle de lui.

Jasmine : Même la directrice de l'école… Ah oui! elle m'a demandé de dire à tout le monde que la publicité était excellente.

Alex : Alors, demain, nous devons commencer à préparer la Soirée des étoiles de l'année prochaine!

- -

As-tu compris?

1. Qu'est-ce que Marc a aimé dans le spectacle de Paulette et Victor?

2. Qu'est-ce qu'Alex a découvert?

3. Qui a aidé le jongleur dans son numéro?

4. Qu'est-ce que Claudine a acheté à l'exposition des artisans?

5. Qu'est-ce que Jasmine a l'intention d'acheter?

6. De quoi est-ce que la directrice est contente?

7. Qu'est-ce qu'Alex veut faire maintenant?

La prononciation

Quand tu parles, il faut faire attention à la prononciation des mots, aux liaisons, aux lettres muettes et aux accents.

1. **a)** Quel son est-ce qu'on entend entre les mots *des étoiles*, *nous avons* et *vous avez*?

   b) Est-ce qu'on prononce la dernière lettre de ces mots : *beaucoup*, *voix* et *concert*?

   c) Écoute le bout de conversation aux pages 146–147 de ton livre encore une fois, pour vérifier tes réponses.

2. Qu'est-ce qui arrive à la prononciation des mots suivants si on ajoute un *e* : *petit*, *grand*, *gris*?

3. La prononciation de la lettre *e* dépend de l'accent. Quelle est la différence entre les groupes de mots suivants?

aimé	très	fenêtre
adoré	scène	prêt
demandé	mère	tête

demande
menace
retourne

4. **a)** À deux, lisez la conversation suivante à haute voix. Faites attention à la prononciation des lettres en couleur. Attention! Certaines lettres sont muettes, donc il ne faut pas les prononcer.

   Claudine : J'ai adoré un des tableaux de l'exposition.

   Marc : Ah oui? Décris-le. Peut-être que je l'ai vu aussi.

   Claudine : C'est une scène dans la forêt. Toutes les lignes sont courbes et les couleurs sont assez foncées.

   Marc : Je l'ai aimé aussi. On a l'impression d'un monde en mouvement, mystérieux et menaçant à cause des couleurs.

   Claudine : Oui, les arbres…. ils ont l'air vivants. J'ai l'impression qu'ils dansent. Je crois que ce sera un cadeau idéal pour ma mère.

   b) Écoutez la conversation pour vérifier votre prononciation.

orales et écrites

1. Comme cadeau d'anniversaire, ton ami(e) veut t'offrir une des
créations suivantes. Laquelle préfères-tu? Pourquoi? Explique
ton opinion à ton ou ta partenaire. Utilise les expressions
au bas de la page pour décrire les couleurs, les lignes, la
composition ou la texture. Ensuite, ton ou ta partenaire
va commenter tes idées. Puis, c'est le tour de ton ou ta
partenaire de choisir un cadeau et d'expliquer son choix.

A

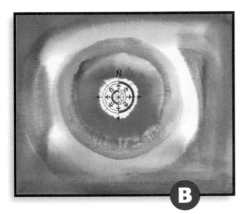

B

C

Pour parler des arts visuels ou des objets d'art ...

Les couleurs : sont-elles **pâles** ou **foncées** , **vives** ou
pastel , **chaudes** ou **froides** ?

Les lignes : Sont-elles droites, —————

courbes ︵〜︶

ou angulaires? ⌐˩⌐˩

La composition d'un tableau ou d'une photo :
qu'est-ce qu'il y a au premier plan?
et à l'arrière-plan? —————

La texture : est-elle douce ou rude,
légère ou lourde?

Pour exprimer ton opinion...
Moi, je pense que…
Je crois que…
À mon avis…
J'aime/je préfère… parce que…
Je suis d'accord avec toi.
Je ne suis pas d'accord avec toi.

2. Imagine que ta tante qui habite une autre province veut t'offrir un disque compact en cadeau. Écris une lettre à ta tante pour lui donner le nom du disque compact que tu aimerais recevoir. Dans ton message, explique pourquoi tu préfères cette musique. Réfère-toi aux expressions suivantes.

Pour parler de la musique...

- La musique : Est-elle **lente** ou **rythmée**?
- Le genre de musique : pour la plupart des genres populaires, on utilise **le**, plus le nom anglais, par exemple, **le jazz**.
- Les paroles : Sont-elles **originales**, **sentimentales**, **comiques**? Est-ce qu'elles **s'accordent bien** avec la musique?
- Les voix : Sont-elles **belles** et **harmonieuses**, **douces** ou **fortes**, **claires** ou **rauques**, **bizarres**?
- Les sons : Sont-ils **variés** ou **répétitifs**, **calmes** ou **énervants**, **naturels** ou **électroniques**?

Attention! C'est une lettre personnelle. L'appel peut être plus familier (*Ma chère tante*, par exemple), de même que la salutation (*Bien affectueusement*, *À bientôt*).

3. Dans l'activité suivante, tu vas présenter ton artiste ou ton groupe vedette à la classe. Les membres de la classe vont te poser des questions. Prépare-toi. Compose au moins cinq questions que la classe peut te poser. Prépare aussi tes réponses. Réfère-toi à la biographie de ton artiste ou de ton groupe, et aux questions à la page 136 de ton cahier.

Écris les questions sur une feuille de papier. Remets-la à ton ou ta prof. Place l'autre feuille avec tes questions et réponses dans ton portfolio.

• À la tâche

4. Maintenant, présente ton artiste ou ton groupe vedette à la classe. À la fin de ta présentation, les membres de la classe te posent les questions préparées à l'avance. Pour répondre, réfère-toi à tes notes.

Pour rendre ta présentation plus intéressante, voici quelques suggestions :

- Apporte une photo ou une affiche de l'artiste ou du groupe.
- Apporte un disque compact et fais-le jouer.
- Montre un exemple de leur travail, si c'est de l'art visuel.
- Montre un extrait d'un spectacle sur vidéocassette, si possible.

Info-culture

www.
Pour plus de renseignements sur les Info-cultures, visite notre site Web à :

www.pearsoned.ca/school/fsl

Nous venons de parler des arts. Mais depuis quand les gens s'expriment-ils par l'art?

Des œuvres d'art dans le Sahara français

Dans le vaste désert du Sahara en Afrique du Nord, une équipe de restaurateurs travaille pour préserver et reproduire des œuvres d'art anciennes. Un membre de l'équipe des Ateliers Mérindol en France pense que les peintures et les gravures trouvées dans le Sahara sont des chefs-d'œuvre qui méritent d'être exposés au musée du Louvre, à Paris.

Comme dans tous les moyens d'expression artistique, on voit une évolution dans les œuvres du Sahara. Pendant la période des «Têtes rondes», il y a 9 000 ans, les premières représentations d'êtres humains apparaissent dans l'art des rochers, en Algérie.

La période suivante, il y a 7 000 ans, s'appelle la «Période pastorale». Les animaux, par exemple des vaches, apparaissent dans l'art du Sahara à cette époque. On dit que certaines représentations de vaches ressemblent à des tableaux de Picasso.

Les découvertes du Sahara français sont importantes pour l'histoire de l'art. Nos ancêtres se sont exprimés par l'art pendant des milliers d'années.

La tâche finale

Maintenant, tu organises le travail que tu as déjà fait pour la Soirée des étoiles de ton école :

- **ta lettre d'invitation à un artiste ou un groupe d'artistes;**
- **ta publicité radiophonique;**
- **la présentation de ton artiste ou groupe préféré, y compris tes questions et réponses.**

Pour compléter la tâche finale :

- As-tu écrit et révisé ta lettre d'invitation? As-tu mentionné tous les détails de la soirée? Est-ce que ta lettre contient toutes les parties essentielles : l'en-tête, le lieu, la date, l'heure, le destinataire, l'appel, la salutation et la signature?

- As-tu utilisé le modèle dans ton cahier pour préparer ta publicité radiophonique? As-tu ajouté de la musique et d'autres effets sonores? As-tu décrit ta soirée et donné de bonnes raisons pour y assister?

- As-tu préparé une présentation dynamique sur ton artiste ou ton groupe? As-tu inclus des informations biographiques, des éléments visuels ou sonores et des questions et réponses intéressantes?

- Maintenant si tu veux, tu peux utiliser les informations de ta présentation pour créer une affiche ou une jaquette de disque compact.

Canal animal

Dans cette unité, tu vas...

Parler

- des animaux de compagnie, des animaux sauvages;
- des droits des animaux;
- de sujets concernant les animaux.

Découvrir

- quelques faits intéressants sur les animaux.

Apprendre

- à poser des questions en utilisant les mots interrogatifs;
- à utiliser *y* et *en*.

La tâche finale

Tu vas créer un portfolio. Le portfolio comprendra :

- un reportage télévisé pour un programme d'actualités;
- un livret d'information sur un animal.

Allons-y!

Canal animal

Cette semaine, on vous présente une nouvelle chaîne conçue pour les gens qui aiment les animaux : *Canal animal*. On vous présentera des documentaires, des programmes d'actualités, des émissions-téléphone ligne ouverte et des entrevues avec des vétérinaires, des gardiens de zoo et des chercheurs.

Voici quelques émissions proposées qui débutent cette semaine :

La semaine en direct

Un programme d'actualités qui présentera des reportages sur les événements et les lois concernant les animaux. Cette semaine, on discute de la décision du gouvernement municipal d'interdire la possession d'animaux exotiques. Nos reporters vont interviewer les propriétaires d'animaux qui protestent contre cette loi.

La communication animale

Une série de documentaires qui va explorer le monde de la communication animale. Cette semaine, on va raconter l'histoire de Washoe, un chimpanzé femelle qui a appris à communiquer par le langage des signes. Beatrix et Allen Gardner, deux chercheurs, ont appris 240 signes à Washoe.

Keiko, l'orque emprisonnée

Un documentaire sur la vedette animale du film *Sauvez Willy*, qui est encore en captivité. On raconte les efforts des militants pour libérer Keiko.

Mots/Maux-animaux

Une émission-téléphone ligne ouverte où le docteur Dijali, un vétérinaire-thérapeute, va répondre à toutes vos questions sur les animaux.

Avant de lire

- Est-ce que les animaux peuvent souffrir de maladies psychologiques? Qu'en penses-tu? Qu'est-ce que c'est qu'une maladie psychologique?
- Qu'est-ce que c'est qu'une émission-téléphone ligne ouverte? Quelle est la signification du titre de l'émission Mots/Maux-animaux?

Mots/Maux-animaux

Claire Butanyi : Bonsoir, chers téléspectateurs et chères téléspectatrices. Bienvenue au Canal animal! Tous les mercredis soir à 19 h, nous vous présentons une nouvelle émission : Mots/Maux-animaux, une émission-téléphone ligne ouverte. Et voici notre animateur, le vétérinaire-thérapeute Luc Dijali. Le docteur Dijali soigne les animaux qui souffrent de maladies psychologiques.

CB : Bienvenue au Canal animal, docteur Dijali. Beaucoup de gens croient que les animaux ne peuvent pas souffrir de maladies psychologiques. Mais vous n'êtes pas d'accord, n'est-ce pas?

LD : Bien sûr que non! Comme nous, les animaux sont des êtres intelligents. Parfois, ils sont aussi déprimés, stressés. Ils s'ennuient si leur environnement n'est pas stimulant.

CB : Alors, quelles sont les causes des maladies psychologiques chez les animaux?

LD : Si la relation entre l'animal et son maître est mauvaise, cela cause beaucoup de problèmes. Si on maltraite l'animal, si on ne le dresse pas, si on est souvent absent, toutes ces conditions sont stressantes.

CB : En général, quelles sortes d'animaux soignez-vous?

LD : Je soigne des animaux domestiques : des chiens, des chats, des chevaux, des perroquets, des perruches, des hamsters, des rats, des souris, des cochons d'Inde, des lapins, etc.

CB : Et les animaux sauvages, par exemple, dans les zoos et les cirques?

LD : Oui, je soigne beaucoup d'animaux sauvages. La semaine dernière, j'ai soigné une girafe dans un zoo. Elle était malheureuse et fâchée.

CB : Comment est-ce qu'on soigne les animaux stressés?

LD : D'abord, il faut trouver la source de leur maladie. Puis, on essaie de changer les conditions qui causent le stress. Prenons, par exemple, la girafe déprimée au zoo. On l'a enfermée dans un petit enclos. Donc, j'ai recommandé un plus grand enclos. Les girafes habitent les vastes plaines de l'Afrique; elles ont besoin de beaucoup d'espace pour courir. Pour rendre heureux les animaux captifs, il faut créer un environnement qui ressemble à leur habitat naturel.

CB : Certains vétérinaires soignent les animaux avec des médicaments, n'est-ce pas? Qu'en pensez-vous?

LD : Bien sûr, c'est nécessaire si l'animal a une maladie physique.

CB : Comme c'est intéressant! Merci de cette entrevue, docteur Dijali. Et maintenant, on donne la parole à nos téléspectateurs. Bonne chance, docteur Dijali!

LD : Merci beaucoup, Claire. Bonjour, chers téléspectateurs. Ici Luc Dijali. Vous êtes à l'écoute de Mots/Maux-animaux, une émission où nous parlons de tout ce qui concerne les animaux. N'hésitez pas à nous donner un coup de fil. Ah! un premier appel. Bonjour! Je vous écoute…

As-tu compris?

Lis *Les réponses* et ensuite trouve la question correspondante dans *Les questions*. (Attention aux mots en italiques!)

Les réponses

a) La girafe déprimée habite *dans un zoo*.

b) *Le docteur Dijali* est l'animateur de Mots/Maux-animaux.

c) Le docteur croit que les animaux souffrent de maladies psychologiques *parce qu'*ils sont des êtres intelligents.

d) Si un animal a une maladie physique, on le soigne *avec des médicaments*.

e) Il soigne *toutes sortes d'animaux de compagnie et d'animaux sauvages*.

f) La nouvelle émission sera télévisée *tous les mercredis soir à 19 h*.

g) Le docteur Dijali a recommandé *un plus grand enclos* pour la girafe.

h) *D'abord, il trouve la source de la maladie. Puis, il essaie de changer les conditions qui causent le stress.*

Les questions

1. *Où* est-ce que la girafe déprimée habite?

2. *Comment* est-ce que le docteur Dijali soigne les animaux stressés?

3. *Qui* est l'animateur de Mots/Maux-animaux?

4. *Quelles* sortes d'animaux est-ce que le docteur soigne?

5. *Qu'est-ce* que le docteur Dijali a recommandé comme traitement pour la girafe?

6. *Pourquoi* est-ce que le docteur croit que les animaux souffrent de maladies psychologiques?

7. *Quand* est-ce que la nouvelle émission sera télévisée?

8. Si un animal a une maladie physique, *avec quoi* est-ce qu'on le soigne?

As-tu remarqué?..............

Les mots interrogatifs

1 **Quand**, si la réponse indique le temps (un moment, un jour, une année).

2 **Où**, si la réponse indique un lieu (une ville, une province, un pays).

3 **Qui**, si la réponse indique quelqu'un.

4 **Pourquoi**, si la réponse indique une raison.

5 **Comment**, si la réponse indique une manière.

6 **Quoi**, si la réponse indique une chose et que la question commence par une préposition (**à**, **de**, **avec**).

7 **Que** ou **Qu'est-ce que**, si la réponse indique une chose et que la question ne commence pas par une préposition.

8 **Quel**, si la réponse indique une sélection (par exemple, un numéro de téléphone, une couleur favorite).

9 **Est-ce que**, si la réponse à la question est **oui** ou **non**.

Références : les mots interrogatifs, pp. 198–199.

SEPT

L'invasion des animaux du cirque
Les pronoms *y* et *en*

Bernard Cohen : Un flash info! Les animaux du Cirque de l'Étoile se sont échappés du cirque et ils ont envahi la ville de Cranford. Cédric, qu'est-ce qui se passe là-bas?

Cédric : Tout le monde est pris de panique. Monsieur, avez-vous vu des animaux? Où sont-ils maintenant? On m'a dit que les lions sont au supermarché.

Un homme : Oui, ils y sont, pour manger de la nourriture : du bœuf.

Cédric : Ils mangent du bœuf?

Un homme : Oui, ils en mangent avec appétit!

Cédric : Madame! Vous avez vu les ours? Où sont-ils et que font-ils?

Une femme : Ils sont derrière le café. Ils cherchent de la nourriture dans les poubelles. Ils y ont trouvé des beignes.

Cédric : Des beignes?

Une femme : Oui, ils en mangent beaucoup beaucoup!

Une fille : Moi, j'ai vu les singes dans la cour de récréation. Ils s'y balancent.

Cédric : Et ils mangent quelque chose?

Une fille : Des bananes, bien sûr! Ils en mangent beaucoup.

1. Lis les phrases suivantes.

   a) Est-ce que les ours sont *au restaurant*?
   Oui, ils *y* sont.

   b) Est-ce que le tigre veut poursuivre les chiens *dans le parc*?
   Oui, il veut *y* poursuivre les chiens.

   c) Un singe entre *dans le cinéma*?
   Non, il n'*y* entre pas.

   d) Est-ce que les lions se promènent *devant l'école*?
   Non, ils ne s'*y* promènent pas.

   e) Est-ce que les éléphants sont allés *au café*?
   Oui, ils *y* sont allés.

   f) Est-ce que les tigres ont chassé les chiens *dans le parc*?
   Non, ils n'*y* ont pas chassé les chiens.

2. Quel mot remplace les mots en italiques? Qu'est-ce que les mots en italiques indiquent?

3. Lis les phrases suivantes.

   a) Est-ce que les lions mangent *du bœuf*?
   Oui, ils *en* mangent.

   b) Est-ce que l'ours a mangé *des beignes*?
   Oui, il *en* a beaucoup mangé!

   c) La lionne veut manger *de la tarte*?
   Non, elle ne veut pas *en* manger.

   d) Les girafes mangeront *des sandwiches*?
   Non, elles n'*en* mangeront pas.

4. Quel mot remplace les mots en italiques? Quel mot en italique (sous des formes différentes) trouves-tu dans chaque phrase?

Application

À deux, répondez aux questions suivantes.

A. 1. Est-ce que les singes jouent *dans la cour*?

2. Est-ce que l'ours se promène *dans la rue*?

3. Est-ce qu'un tigre a terrorisé les clients *devant la banque*?

4. Est-ce que le singe veut courir *dans la mairie*?

B. 1. Est-ce que le singe mange *des oranges*?

2. Est-ce que les girafes ont mangé *des feuilles*?

3. Est-ce que le gorille veut commander *des frites*?

4. Est-ce que la lionne prend *du poisson*?

Hum… quelle est la règle?

a) Pour remplacer une préposition + un nom, on utilise *y*. Souvent, *y* indique un lieu.

ex. On va **à Québec**.

On **y** va.

b) Pour remplacer un mot précédé par *de*, *du*, *de la*, *de l'* ou *des*, on utilise *en*.

ex. On mange **des pommes**.

On **en** mange.

La place de *y* et de *en*

à l'infinitif	aller **au parc**	manger **des fruits**
au présent	J'y vais.	J'en mange.
au négatif	Je n'y vais pas.	Je n'en mange pas.
au futur	* J'irai.	J'en mangerai.
au négatif	* Je n'irai pas.	Je n'en mangerai pas.
au passé composé	J'y suis allé.	J'en ai mangé.
au négatif	Je n'y suis pas allé.	Je n'en ai pas mangé.
avec un verbe + un infinitif	Je vais y aller.	Je veux **en** manger.
au négatif	Je ne vais pas y aller.	Je ne veux pas **en** manger.

* exception, demande à ton ou ta professeur(e)

Références : le pronom *y*, pp. 200–202, et le pronom *en*, pp. 203–205.

Activités

orales et écrites

1. Écoute l'émission Mots/Maux-animaux et prends des notes à la page 152 de ton cahier. Tu entendras le docteur Dijali recommander des traitements. C'est à toi de jouer le rôle du docteur Dijali pour la cinquième cliente.

2. Quel animal de compagnie voudrais-tu? Choisis un animal et écris une courte description.

   a) Comment est-ce qu'on soigne cet animal? Est-ce qu'il a des besoins particuliers?

   b) Où est-ce qu'il habite? Où est-ce qu'il se couche? Qu'est-ce qu'il mange?

   c) Combien est-ce qu'il mesure? Combien d'années est-ce qu'il vit?

   d) Comment est-ce qu'on le dresse? Est-ce qu'il peut faire des tours?

   Présente ton animal aux autres élèves, qui vont te poser des questions.

Avant de parler

Pour préparer un bon reportage télévisé, il faut poser des questions intéressantes qui répondent à *qui, quand, où, quoi* et *pourquoi*. Pour trouver ces réponses, il faut faire des entrevues. Voici les étapes d'une bonne entrevue :
- pose très peu de questions fermées (qui exigent une réponse «oui» ou «non»);
- pose des questions ouvertes (qui exigent une réponse plus détaillée);
- réagis aux réponses de l'interviewé; ses réponses te suggéreront d'autres questions;
- utilise «vous» si c'est nécessaire.

À la tâche

3. a) Tu es reporter pour la chaîne *Le Grand Nord* et tu as vu que les animaux se sont échappés du cirque. Fais un reportage. Où est-ce que les animaux sont allés? Qu'est-ce qu'ils ont fait? Qu'est-ce qu'ils ont mangé? Dessine une carte de la ville pour montrer la route des animaux. Ce reportage fait partie de la tâche finale. Mets-le dans ton portfolio.

   b) En petits groupes, jouez les rôles du reporter et de quelques habitants de Cranford. Le ou la reporter va poser des questions aux habitants. Quelles sont leurs réactions? Comment est-ce qu'ils se sont sauvés des animaux? Ces entrevues font partie de la tâche finale.

Vocabulaire utile

- dresser
- s'échapper de
- soigner
- nettoyer
- se coucher
- se sauver de

N'oublie pas ton vocabulaire personnel dans ton cahier.

SEPT

Info-culture

Les zoos : passé – présent

Les premiers zoos ont été construits au 19e siècle. Dans ces zoos primitifs, les animaux étaient enfermés dans de petites cages. Les animaux souffraient beaucoup. Ils s'ennuyaient, ils étaient souvent malades, déprimés et ils mouraient très jeunes. De nos jours, nous comprenons que les animaux captifs ont besoin de grands enclos, où ils peuvent courir librement. L'environnement du zoo doit ressembler à leur habitat naturel.

Est-ce que nous avons le droit d'enfermer des animaux sauvages dans des zoos? Ceux qui aiment les zoos et les animaux disent qu'ils aident à protéger les espèces menacées. Ils croient aussi que les gens s'intéressent aux animaux menacés parce qu'ils peuvent les voir dans les zoos.

Pour bien d'autres qui, eux aussi, aiment les animaux, il est évident que les animaux n'aiment pas habiter dans un zoo. Les animaux captifs sont plus souvent malades que les animaux libres, et les femelles ont de la difficulté à avoir des petits et les élever.

En tout cas, les zoos modernes sont très différents des zoos du passé. On recrée des habitats naturels pour les animaux et on essaie de les rendre plus heureux. Regarde à la page 165 deux exemples de zoos qui respectent les besoins des animaux.

Saint-Félicien

Le zoo de Saint-Félicien est un endroit spécial. D'abord, parce que c'est sûrement le zoo le plus au nord du Québec. Deuxièmement, parce qu'on y a aménagé différents habitats canadiens. Situé au Lac-Saint-Jean, on y retrouve la plaine, où on peut voir des bisons, des daims et des antilopes. Et dans un grand enclos, près d'une piscine bien froide, on peut observer des ours polaires! Les heures de repas des ours blancs constituent un des moments les plus spectaculaires de la visite. On donne aux ours d'énormes morceaux de viande qu'ils dévorent rapidement.

Le Biodôme

Le Biodôme, dans l'ancien vélodrome du site olympique de Montréal, offre aux visiteurs quatre écosystèmes. La forêt tropicale, avec ses petits singes, attire l'attention des tout-petits comme des grandes personnes. La fosse aux crocodiles est une autre attraction, mais les touristes ne peuvent pas y entrer! Dans l'écosystème du monde polaire, les petits pingouins de l'Antarctique sont le clou du spectacle. Le billet d'entrée au Biodôme donne droit aussi à la visite du Jardin Botanique de Montréal et de l'Insectarium.

www.
Pour plus de renseignements sur les Info-cultures, visite notre site Web à :
www.pearsoned.ca/school/fsl

L'affaire Woofie

Bernard Cohen : Et maintenant, Kelly Kincaid nous fait un reportage sur l'affaire Woofie en direct de Vancouver. Kelly, qu'est-ce qui se passe? Est-ce qu'on attend toujours le verdict?

Kelly : Bonsoir, Bernard. Eh bien, oui, nous attendons toujours le verdict dans l'affaire Woofie. Il y a une grande foule de manifestants ici à Vancouver. Certains sont pour Woofie, et certains sont contre.

BC : Racontez-nous cette affaire, Kelly. Qui est Woofie, et de quoi est-elle accusée?

166

KK : Woofie est une petite chienne. On l'a accusée d'être un animal dangereux. Et, selon la loi, il faut mettre à mort les animaux dangereux.

BC : Quand et où est-ce que l'incident a eu lieu?

KK : Cela s'est passé l'été dernier, dans la cour des McDuff, les maîtres de Woofie. Woofie joue dans la cour sans laisse. Il n'y a pas de clôture dans la cour. Pour distribuer le courrier, le facteur, Duncan McTavish, doit traverser la cour. Mais, pour Woofie, c'est une invasion de son territoire. Tous les jours, Woofie jappe à l'arrivée de McTavish. Elle ne veut pas qu'il traverse la cour, mais McTavish l'ignore. Alors, un jour, fâchée, Woofie a menacé le facteur, mais elle ne l'a pas attaqué. La police a arrêté Woofie et l'a accusée d'être un animal dangereux.

BC : Quelle a été la réaction du public?

KK : Les citoyens et les militants pour les droits des animaux ont manifesté en faveur de Woofie. Ils sont là aujourd'hui. Attention! On vient de prononcer le verdict! Voilà M. McDuff et Fiona, sa fille. Monsieur McDuff, quel est le verdict? Woofie doit-elle mourir?

McDuff : Non! Woofie est innocente! Elle ne mourra pas! Je suis tellement heureux!

KK : Monsieur McDuff, on croit que toute cette affaire est votre faute, parce que vous n'avez pas dressé Woofie à ne pas attaquer les gens. Qu'en pensez-vous?

McD : Euh... euh... oui, peut-être. Mais Woofie a seulement trois ans! Elle est très jeune.

FMcD : Et elle n'a pas attaqué le facteur! C'est une bonne chienne.

KK : Allez-vous garder Woofie en laisse maintenant? Allez-vous amener Woofie à une école de dressage?

McD : Bien sûr que oui! Ce sont de bonnes idées.

KK : Merci, monsieur McDuff. Merci, Fiona. Ah! voici Duncan McTavish. Monsieur McTavish, êtes-vous content de la décision du tribunal?

McTavish : Non! Je n'en suis pas content! Ce n'est pas juste! Cette chienne est dangereuse! Elle ne m'a pas attaqué, c'est vrai, mais je suis très stressé.

KK : Allez-vous trouver un nouvel emploi?

McT : Peut-être... Comment est-ce que je peux continuer à distribuer le courrier si cette chienne méchante continue toujours à me menacer?

KK : Merci, monsieur McTavish. Ici Kelly Kincaid, à Vancouver, où on vient de prononcer le verdict en faveur de Woofie, accusée d'être un animal dangereux. Maintenant, de retour à vous, Bernard.

BC : Merci, Kelly. Demain, nos invités parleront de la loi concernant les animaux dangereux. Est-ce que cette loi est juste?

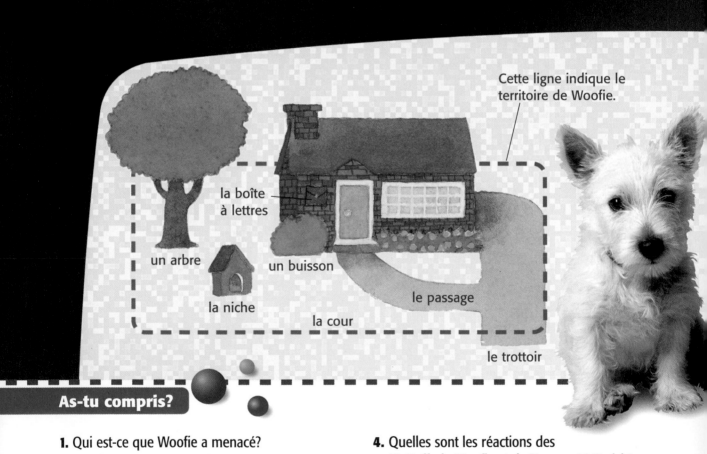

Cette ligne indique le territoire de Woofie.

la boîte à lettres

un arbre

un buisson

la niche

le passage

la cour

le trottoir

As-tu compris?

1. Qui est-ce que Woofie a menacé?

2. Où est-ce que Woofie a menacé McTavish?

3. Qu'est-ce que Woofie a fait à l'arrivée de McTavish?

4. Quelles sont les réactions des McDuff, de Woofie et de Duncan McTavish?

Les pronoms *y* et *en*

As-tu remarqué?

1. Lis les phrases suivantes.

   a) Crois-tu **aux droits des animaux?**
   Oui, j'**y** crois fermement!
   Non, je n'**y** crois pas.

   b) Les McDuff ont-ils répondu **aux questions?**
   Oui, ils **y** ont répondu.
   Non, ils n'**y** ont pas répondu.

   c) Seras-tu heureuse **d'être libérée?**
   Oui, j'**en** serai très heureuse!

   Êtes-vous content **de cette décision?**
   Non! Je n'**en** suis pas content!

2. Pourquoi est-ce qu'on remplace les mots en caractères gras par *y* ou par *en?*

Application

À deux, répondez aux questions suivantes.

1. Est-ce que Woofie est heureuse d'être libérée?

2. Est-ce que M. McTavish est content de la décision?

3. M. McDuff, est-ce que vous répondez à la question des reporters?

4. Est-ce que M. McTavish a répondu aux questions des reporters?

5. Est-ce que M. McTavish croit aux droits des animaux?

6. Et toi, est-ce que tu crois aux droits des animaux?

Hum… quelle est la règle?

Quand on utilise des verbes comme *croire à* et *répondre à*, on remplace les objets indirects par **y**.

   ex. Je réponds à **la question**.

   J'**y** réponds.

Dans les expressions comme *être content de*, on remplace les objets par **en**.

   ex. Je suis contente de **mon travail**.

   J'**en** suis contente.

Références : les pronoms *y* et *en*, pp. 200–205.

SEPT

Activités

orales et écrites

1. Kelly Kincaid a interviewé des gens dans la rue au sujet de Woofie. Écoute leurs opinions et réponds aux questions à la page 164 de ton cahier.

2. **a)** Tu fais un reportage sur l'affaire Woofie. Quels sont les faits? Décris la cour où l'incident a eu lieu. Quelle est la route de Woofie et de McTavish? Présente ton reportage à ton ou ta partenaire. Il ou elle doit te poser des questions.

   b) Puis, en petits groupes, jouez quelques-uns des rôles suivants : le ou la reporter, McDuff, Fiona, McTavish, un facteur, un ou une activiste pour les droits des animaux, le docteur Dijali, etc. Le ou la reporter doit demander : Que pensez-vous de la décision? Quels conseils donnez-vous aux autres maîtres de chiens?

   Présentez la discussion à la classe. Les élèves vont vous poser des questions.

Avant de parler

Tu vas discuter des droits des animaux. Tu devras défendre ta position. Utilise des expressions comme :

je pense que	à mon avis
je crois que	selon moi
je (ne) suis (pas)	c'est vrai
d'accord avec toi	c'est faux

• À ton avis

3. En groupes, discutez des droits des animaux.

   a) Les animaux ont-ils des droits, oui ou non? Expliquez votre opinion.

   b) Comment doit-on traiter les animaux méchants? (Par exemple, on peut les dresser, on peut les enfermer dans la maison, etc.)

• À la tâche

4. Choisis un animal et écris un livret d'information pour les nouveaux maîtres de cet animal. Quel est son habitat naturel? Est-ce un animal sauvage ou domestique? Qu'est-ce qu'il mange? De quelle couleur est-il? Combien d'années vit-il? Est-il gros ou petit? Dessine ton animal ou colle sa photo dans le livret.

   Puis, dresse une liste de cinq à huit règles pour soigner l'animal. Utilise cette formule : Pour soigner un ou une (nom de l'animal), vous devez (ou vous ne devez pas)…

   Présente ton animal à la classe.

Vocabulaire utile

- attaquer
- dresser
- une clôture
- une école de dressage
- construire
- tenir en laisse

N'oublie pas ton vocabulaire personnel dans ton cahier.

Info-culture

Tu dors comme un ours…?

Connais-tu des comparaisons basées sur les animaux? Si ta mère te dit : «Tu dors comme un ours, toi!», qu'est-ce que cela veut dire? Est-il facile ou difficile de te réveiller? Essaie ce petit questionnaire sur les comparaisons entre nous et les animaux. Utilise un dictionnaire bilingue si tu ne connais pas les expressions.

1 Il fait un froid de canard aujourd'hui. Tu n'as pas mis ton manteau. Es-tu :

a) silencieux/silencieuse comme une carpe?

b) heureux/heureuse comme un poisson dans l'eau?

c) gelé/gelée comme une grenouille?

2 Tu aimes faire le clown.

a) Es-tu silencieux/silencieuse comme une carpe?

b) Es-tu heureux/heureuse comme un poisson dans l'eau?

c) Fais-tu le singe?

3 Ton sac à dos est rempli de livres. Tu ne peux pas le porter. Es-tu :

a) sale comme un cochon?

b) faible comme un poulet?

c) fort/forte comme un taureau?

4 Tu t'habilles à la mode et tout le monde admire ton «look». As-tu :

a) une faim de loup?

b) du chien?

c) la chair de poule?

5 Tu passes la nuit dans une maison hantée. Tout à coup, tu entends un cri… As-tu :

a) du chien?

b) un appétit d'oiseau?

c) la chair de poule?

SEPT

Réponses

1. c 2. c 3. b 4. b 5. c

www.

Pour plus de renseignements sur les Info-cultures, visite notre site Web à :

www.pearsoned.ca/school/fsl

La tâche finale

- un reportage sur l'invasion des animaux du cirque. Le reportage doit inclure une description écrite des événements et une carte de la ville sur laquelle tu as indiqué la route des animaux. Si tu veux, fais un enregistrement de tes entrevues avec les habitants de Cranford.

- un livret d'information sur l'animal que tu as choisi : son habitat, une description physique, sa nourriture préférée, ses habitudes, un dessin ou une photo de l'animal, et quelques conseils pour de nouveaux maîtres.

La vie
en vert

Dans cette unité, tu vas…

Parler

- des problèmes environnementaux qui touchent ta communauté;
- des mesures qu'on peut prendre pour résoudre ces problèmes.

Découvrir

- le travail de quelques jeunes et leur lutte pour sauver l'environnement.

Apprendre

- à utiliser des pronoms disjoints;
- à utiliser les pronoms relatifs;
- le vocabulaire de l'environnement.

La tâche finale

Comme membre d'un groupe environnemental, tu vas identifier un problème dans ta communauté et des solutions pour résoudre ce problème. Tu vas composer un message téléphonique et préparer les notes d'une présentation orale.

Allons-y!

Notre avenir dépend de nos actions d'aujourd'hui.

NOUS RECYCLONS

Des élèves sauvent un lac

Vous cherchez un emploi d'été? Venez planter des arbres!

Journée sans voiture pour améliorer la qualité de l'air

Campagne de nettoyage des parcs

- Dans la vie de tous les jours, qu'est-ce que tu fais pour protéger l'environnement?

- Quels sont les problèmes environnementaux qui touchent ta communauté?

- Quelles idées as-tu pour résoudre ces problèmes?

Une découverte rare par l'équipe de Kathleen Fawley, Michael Van Insberghe, David Meszaros et Tristan Huntington

Des élèves, des grenouilles et un prince

Pendant une excursion sur l'île de Vancouver, quatre élèves ont découvert une espèce de grenouilles très rare. Kathleen Fawley, Michael Van Insberghe, David Meszaros et Tristan Huntington ont trouvé une grande population de grenouilles à queue courte. Ces grenouilles en voie d'extinction habitaient dans une petite rivière.

Les élèves ont demandé de l'aide à une scientifique de l'Université de la Colombie-Britannique, Tanya Wahbe. Avec elle, ils ont fait le compte de la population des jeunes grenouilles.

L'étude a montré que la grenouille à queue courte vivait en grand nombre dans la rivière McDonald.

Peu après cette découverte, les élèves ont appris une mauvaise nouvelle. La compagnie *British Pacific Properties* (BPP) a annoncé un grand projet de construction de maisons près de la rivière. Les élèves étaient très inquiets. L'habitat des grenouilles était menacé par la déforestation. L'espèce était déjà en voie d'extinction avant le projet.

Les élèves ont informé BPP de leur découverte, mais la compagnie ne leur a pas répondu. «Nous désirons protéger l'environnement», a expliqué David. «Alors, nous avons décidé de faire une présentation devant le conseil municipal. Nous voulions leur expliquer pourquoi les grenouilles et l'écosystème de cette rivière étaient menacés.»

La première présentation devant le conseil n'a pas bien réussi. Mais les élèves ont continué à lutter. Ils ont fait une deuxième présentation. Cette fois, ils ont apporté avec eux l'appui d'un scientifique canadien très célèbre, David Suzuki. Il a écrit une lettre d'appui que les élèves ont lue pendant la présentation. Résultat : les élèves ont réussi à convaincre le conseil. Ils ont persuadé les membres du conseil municipal de bien examiner le projet de construction.

Ensuite, la compagnie BPP a invité les élèves à une réunion pour discuter de la situation. Les jeunes environnementalistes sont sortis très optimistes de cette rencontre. «La compagnie a accepté de préserver l'habitat des grenouilles sur 100 mètres de chaque côté de la rivière», a déclaré Michael Van Insberghe. «Nous sommes très contents!»

Cette histoire de grenouilles et d'élèves ne serait pas complète sans un prince. Pour célébrer leur réussite, les jeunes ont assisté à un événement pour la nature marine où il y avait trois cents invités. Le plus célèbre de ces invités était le prince Charles d'Angleterre. Lui aussi, il s'intéresse à l'environnement. Il a parlé aux élèves et les a félicités pour leur bon travail.

As-tu compris?

1. Qu'est-ce que les élèves ont découvert dans la rivière?

2. Pourquoi est-ce que les élèves étaient inquiets?

3. Devant qui les élèves ont-ils fait une présentation?

4. Qu'est-ce que la compagnie BPP a accepté de faire?

5. Quelle personne célèbre a félicité les élèves?

 Maintenant, va à la page 168 de ton cahier pour mettre en ordre les idées de cette histoire.

Info·culture

Les amis de l'environnement

Lili Okuyama a participé au projet *LIFEboat* en Colombie-Britannique. «J'ai appris beaucoup de choses sur la nature et les espèces en voie d'extinction. Cette expérience a changé ma vie», a-t-elle dit. Pendant le voyage de cinq jours en bateau, les élèves ont vu que l'Océan était menacé par la pollution. Le programme *LIFEboat* a permis aux élèves d'apprendre comment améliorer ces conditions. En 1999, Lili a reçu le prix *Environmental Achievement*. Encouragée par son expérience, elle continue ses projets environnementaux.

www.
Pour plus de renseignements sur les Info-cultures, visite notre site Web à :
www.pearsoned.ca/school/fsl

Quatre élèves de Burlington, en Ontario, ont formé le groupe environnemental ECHO. Farrah Byckalo-Khan, Tyler Delmore, Kim Hedges et Scott Penner ont organisé un projet annuel de compostage de citrouilles. Jusqu'à présent, près de 35 tonnes de citrouilles ont été «recyclées».

Paul Brown et Anie Galipeau, d'Ottawa en Ontario, ont créé un «Walkman vert». Cet appareil n'a pas besoin de piles et fonctionne sans moteur. Leur découverte va aider à réduire la quantité d'agents toxiques libérés dans la terre quand on jette des piles. L'invention va aussi aider à économiser de l'énergie et de l'argent. Paul et Anie ont reçu le prix *Roberta Bondar Science and Technology* et le prix *Manning Innovation Achievement*.

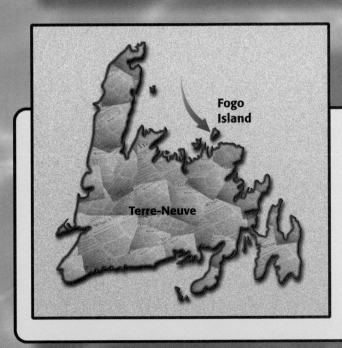

Fogo Island

Terre-Neuve

Shelley et Pamela Penton ont lancé un programme de recyclage sur leur île. Préoccupées par le problème des déchets dans leur communauté de Fogo Island, à Terre-Neuve, les deux sœurs se sont organisées pour trouver une solution. Shelley et Pamela ont réussi à encourager toute leur communauté à «réduire, réutiliser et recycler». Shelley et Pamela ont reçu le prix *Youth Achievement* pour leur excellent travail.

HUIT

As-tu observé?

Les pronoms disjoints

Lis les exemples, puis réponds aux questions.

1. Qui est là? C'est **moi**.

Quel mot précède le mot en couleur?

2. Qui veut y aller? **Toi**?

La deuxième phrase a combien de mots?

3. **Lui** aussi, il s'intéresse à l'environnement.

Le mot en couleur se rapporte à quel mot?

4. Ils sont allés avec **elle**.

Quel mot précède le mot en couleur?

● Hum… quelle est la règle?

On utilise les pronoms disjoints dans les cas suivants :

a) après *c'est* et *ce sont* : Qui a participé au projet LIFEboat? C'est **elle**.

b) seuls dans une réponse, sans verbe : Qui vient ce soir? **Toi**?

c) pour accentuer un pronom sujet : **Moi**, je veux aider.

d) après les prépositions comme *à, de, pour, avec, chez* : L'environnement est très important pour **nous**.

les pronoms sujets	les pronoms disjoints
je	moi
tu	toi
il	lui
elle	elle
nous	nous
vous	vous
ils	eux
elles	elles

Références : les pronoms disjoints, p. 206.

 Application

Utilise un pronom disjoint pour remplacer le mot souligné dans chaque phrase.

1. Qui téléphone? C'est **<u>Luc</u>**.

2. Qui veut participer? **<u>Hélène</u>**?

3. **<u>Marc</u>**, tu fais de la recherche.

4. Plus tard, viens chez **<u>Maurice et Marc</u>**.

Activités

orales et écrites

1.  Pendant le cours de sciences, Maurice et Chandra apprennent l'histoire des quatre élèves de Vancouver. Après le cours, ils parlent de ces élèves extraordinaires. Écoute leur conversation, puis raconte ce que tu as entendu à ton ou ta partenaire. Utilise la page 172 de ton cahier.

2. Remplis le questionnaire aux pages 173–174 de ton cahier pour déterminer les thèmes environnementaux qui t'intéressent. Le questionnaire porte principalement sur les thèmes suivants :

a) la pollution de l'air ct de l'eau

b) la conservation d'énergie et de l'eau

c) les espaces verts/les espèces en voie d'extinction

d) le recyclage et le compostage/les produits toxiques

3. a) Formez des groupes de quatre selon vos résultats au questionnaire. Avec les membres de votre groupe, choisissez un problème environnemental dans votre communauté. (Par exemple, résultat au questionnaire : les espaces verts; problème dans la communauté : il y a des déchets partout dans les parcs.)

b) Écrivez une liste de cinq raisons pour résoudre le problème choisi.

c) Pensez à un nom pour votre groupe environnemental. Pour vous aider, faites un remue-méninges de tous les mots «verts» que vous associez à l'environnement.

● À ton avis

La déforestation est nécessaire. Elle permet de construire des maisons pour les êtres humains. Es-tu d'accord avec cette déclaration? Justifie ta réponse.

HUIT

4. Compose et présente individuellement un message téléphonique pour le bureau de ton groupe environnemental. Pour t'aider, réfère-toi au modèle à la page 175 de ton cahier.

Avant de parler

Dans le message, il faut...
- confirmer le numéro de téléphone et le nom du groupe;
- préciser les détails de votre mission;
- donner d'autres informations, par exemple, la date et l'heure de la prochaine réunion;
- demander à la personne qui appelle de laisser un message.

Vocabulaire utile

- améliorer
- l'environnement
- menacer
- protéger

- la déforestation
- un espace vert
- nettoyer
- le recyclage

- un écosystème
- lutter
- préserver
- résoudre

N'oublie pas ton vocabulaire personnel dans ton cahier.

Info-culture

www.
Pour plus de renseignements
sur les Info-cultures, visite
notre site Web à :
www.pearsoned.ca/school/fsl

Journée sans voiture

Chaque année au mois de septembre, la ville de Paris a une journée sans voiture. Le but de l'événement est simple : améliorer la qualité de l'air.

Pendant cette journée, seuls les autobus, les taxis et les véhicules d'urgence ont le droit de circuler dans la rue. Le maire de Paris constate avec satisfaction : «D'habitude, 3 millions de voitures entrent dans Paris chaque jour. Aujourd'hui, 1 million de voitures sont restées dans leur garage. Grâce à cette journée, on espère que les Parisiens continueront à marcher, à aller à vélo, ou à prendre les transports en commun.»

HUIT

- À la réunion du groupe Enviro-Action, les élèves discutent de leurs idées. Écoute leur conversation et fais l'activité à la page 176 du cahier.

Une assemblée verte

Maurice : Nous avons choisi comme premier projet une campagne pour sauver le lac Tantara. C'est un très beau lac, mais la qualité de l'eau n'est pas bonne. Un laboratoire a fait l'analyse de l'eau. Le résultat indique que le lac est très pollué. Voici le rapport du laboratoire.

Si on n'agit pas, tout le monde va en souffrir. C'est un problème qui concerne tout le monde. On utilise l'eau du lac pour boire, pour faire la cuisine, pour se laver et pour arroser les jardins. Les activités de loisir risquent aussi de disparaître si l'eau n'est pas propre.

Su : Je m'appelle Su Chen et je représente le groupe Enviro-Action. Nous sommes ici aujourd'hui pour vous parler d'un sujet très important. Notre groupe veut protéger l'environnement de notre communauté.

Chandra : Enviro-Action a créé une brochure qui va être distribuée dans la communauté. Elle explique des mesures simples pour conserver l'eau et pour nettoyer le lac. Mais nous avons besoin de votre aide.

Les eaux usées sont la cause principale de cette pollution. Quand il pleut très fort, les stations de traitement ne peuvent pas traiter toute l'eau. Certaines communautés ont trouvé une solution. Elles utilisent des barils qui recueillent l'eau de pluie. De cette façon, les eaux usées ne vont pas directement dans le lac. En même temps, on peut utiliser l'eau des barils pour arroser les jardins quand le temps est sec. Aujourd'hui, nous vous proposons d'adopter cette mesure dans notre école et notre communauté.

Max : Vendredi de cette semaine, notre groupe organisera un barbecue pour collecter des fonds. On vend aussi des t-shirts avec notre logo. Avec l'argent, nous allons acheter des barils pour notre école. Nous croyons que c'est un projet aussi important que celui des boîtes bleues de recyclage.

Su : Je vous demande d'examiner nos suggestions. Il n'est pas trop tard pour nettoyer le lac. C'est un problème que nous pouvons éliminer. Notre avenir dépend de nos actions d'aujourd'hui. Je vous remercie de votre attention. N'hésitez pas à prendre une copie de notre brochure en sortant du gymnase.

As-tu compris?

1. Quelle preuve les élèves ont-ils que le lac Tantara est pollué?

2. Comment utilise-t-on l'eau du lac?

3. Quel est le contenu de la brochure du groupe Enviro-Action?

4. Quelle est la cause principale de la pollution du lac?

5. Quelle solution les élèves proposent-ils?

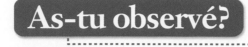

As-tu observé?

Les pronoms relatifs

1. Fais des phrases complètes en choisissant le bon commencement de phrase dans la boîte.

> C'est un problème qui...
> C'est un problème que...

   a) concerne tout le monde

   b) nous pouvons éliminer

   c) affecte beaucoup de Canadiens

   d) n'est pas sans importance

   e) je trouve intéressant

2. Dans tes phrases de la partie 1, quelle sorte de mot suit *qui*? Et *que*?

3. Dans chaque phrase que tu as créée, tu as utilisé *qui* et *que* pour relier deux idées. Ces mots sont des pronoms relatifs.

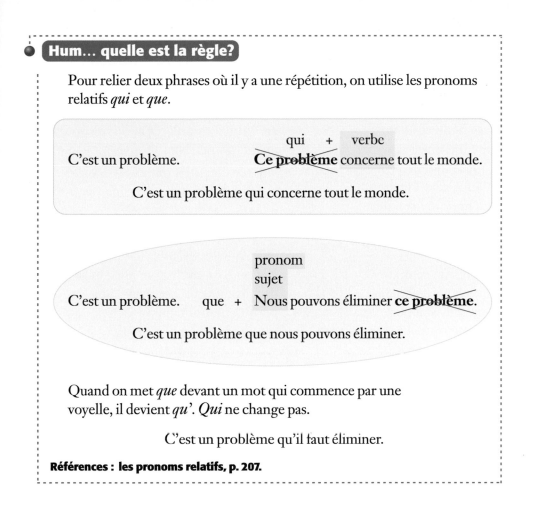

Hum… quelle est la règle?

Pour relier deux phrases où il y a une répétition, on utilise les pronoms relatifs *qui* et *que*.

> qui + verbe
>
> C'est un problème. ~~Ce problème~~ concerne tout le monde.
>
> C'est un problème qui concerne tout le monde.

> pronom sujet
>
> C'est un problème.   que +   Nous pouvons éliminer ~~ce problème~~.
>
> C'est un problème que nous pouvons éliminer.

Quand on met *que* devant un mot qui commence par une voyelle, il devient *qu'*. *Qui* ne change pas.

> C'est un problème qu'il faut éliminer.

Références : les pronoms relatifs, p. 207.

Application

Fais des phrases complètes en ajoutant *qui*, *que* ou *qu'*.

1. On utilise des barils/recueillent l'eau de pluie.

2. C'est une brochure/tout le monde doit lire.

3. Voilà le t-shirt/nous allons vendre.

4. C'est une espèce/il faut protéger.

5. C'est un laboratoire/fait l'analyse de l'eau.

6. Ce sont les enfants/vont profiter de nos actions.

Activités

orales et écrites

1. Dans votre groupe environnemental, faites une liste de toutes vos suggestions pour résoudre votre problème. Pensez à des mesures simples que tout le monde peut prendre à l'école ou à la maison. Pensez aussi à des mesures plus importantes qui nécessitent l'aide du conseil municipal ou d'une compagnie de la région.

2. a) Avec votre groupe, faites un remue-méninges pour trouver un événement ou une campagne qui vous aidera à lancer votre projet. Pour vous aider, regardez les suggestions suivantes.

   - Organiser une journée sans voiture où tout le monde se déplace à pied ou à bicyclette.
   - Lancer une campagne pour ramasser les déchets dans les parcs.
   - Lancer un programme de conservation de l'eau.
   - Organiser une journée pour planter des arbres à l'école ou dans la communauté.
   - Encourager l'école et ta famille à éteindre les lumières et les appareils quand on ne les utilise pas.
   - Lancer un défi à toutes les écoles de ta région. L'école qui produit le moins de sacs d'ordures gagne.
   - Organiser une randonnée à pied dans une forêt ou dans un parc.
   - Lancer une campagne pour utiliser des produits de nettoyage sans danger pour l'environnement.
   - Organiser une vente d'objets d'art faits de matériaux recyclés, pour collecter des fonds.

   b) Individuellement, crée une affiche qui annonce ta campagne ou ton événement environnemental. Il faut inclure la date, l'heure, le lieu et les détails de l'événement.

Collecte de fonds pour sauver le lac Tantara

Aimez-vous les hot-dogs et hamburgers végétariens?
Venez à notre barbecue!
Le vendredi 26 mai
École Archambault
De 11 h 30 à 13 h

Venez acheter un t-shirt original Enviro-Action!
Organisé par le groupe Enviro-Action

● À la tâche

3. Maintenant, tu vas préparer la présentation que ton groupe va faire à ton école. Écris sur des petites cartes ce que chaque membre de ton groupe va dire. Réfère-toi à la présentation du groupe Enviro-Action aux pages 184–185 de ton livre.

Ta présentation doit inclure les éléments suivants :

- l'introduction du groupe;

- une explication du problème environnemental que tu as choisi;
- les raisons pour lesquelles il est important d'agir tout de suite;
- des suggestions pour résoudre le problème;
- une explication de l'événement ou de la campagne qui va lancer le projet;
- des paroles de remerciement.

Vocabulaire utile

- une campagne
- ne pas gaspiller
- conserver
- réutiliser
- réduire
- un programme
- un défi
- recycler

N'oublie pas ton vocabulaire personnel dans ton cahier.

La tâche finale

Comme membre d'un groupe environnemental, tu as identifié un problème dans ta communauté et des solutions pour résoudre ce problème. Tu as composé un message téléphonique pour ton groupe et préparé une présentation orale.

Pour compléter la tâche finale :

- Dans ton message téléphonique, as-tu mentionné le numéro de téléphone et le nom de ton groupe? As-tu décrit la mission de ton groupe? Et n'oublie pas de mentionner qu'il est important de laisser un message. Maintenant tu peux enregistrer ton message. Si tu veux, tu peux ajouter des effets sonores (de la musique, des sons de la nature, etc.).

- As-tu écrit et révisé les notes de ta présentation? Il faut présenter ton groupe, expliquer le problème environnemental et pourquoi tu as choisi ce problème, donner des suggestions pour résoudre le problème, annoncer un événement ou une campagne publicitaire, et remercier ton auditoire. Tu peux ajouter des éléments visuels ou sonores à ta présentation (des photos, des affiches, des graphiques, de la musique, etc.).

Ressources

Références

1. Les noms

- Les noms sont des mots ou des groupes de mots qui *désignent* une personne, un lieu, un concept ou une chose.

- En français, les noms peuvent être masculins ou féminins (*le genre*) et singuliers ou pluriels (*le nombre*). Les noms propres sont écrits avec une lettre majuscule.

- Exemples : la France, Madame Smythe, Michelle

- Les noms communs sont écrits avec une lettre minuscule.

- Exemples : une ville, un jour, une fille

- Les articles comme *le*, *la*, *un*, *une* aident à distinguer les noms entre masculin et féminin. Les articles *les* et *des* aident à distinguer le nombre.

ex.

masculin singulier	féminin singulier
un ordinateur	une page Web
un monstre	une histoire
le problème	la solution

masculin pluriel	féminin pluriel
des ordinateurs	des pages Web
des monstres	des histoires
les problèmes	les solutions

2. Les pronoms

On utilise des pronoms pour éviter la répétition.

A. Les pronoms d'objets directs

On utilise les *pronoms d'ojets directs* pour éviter la répétition. Ces pronoms s'accordent en genre et en nombre avec le nom qu'ils remplacent.

▶ **Regarde!** --

Je prends *le ballon*. - - - - - ▸ Je *le* prends.
(Je prends *quoi*?... le ballon)

Il ne cherche pas - - - - - - ▸ Il ne *la* cherche pas.
Anne-Laure. (Il ne cherche pas *qui*?... Anne-Laure)

Nous voulons visiter - - - - ▸ Nous voulons *les* visiter.
les tombes. (Nous voulons visiter *quoi*?... les tombes)

Elle a vu *les figurines*. - - - ▸ Elle *les* a vues.
(Elle a vu *quoi*?... les figurines)

Vous avez choisi *l'objet*. - - ▸ Vous *l'avez* choisi.
(Vous avez choisi *quoi*?... l'objet)

	Le pronom d'objet direct (qui? quoi?)
féminin, singulier	la, l'
masculin, singulier	le, l'
féminin, pluriel	les
masculin, pluriel	les

N.B. Quand il y a seulement *un verbe*, le pronom se place *devant le verbe*.

Les pronoms **le** et **la** deviennent **l'** devant un verbe qui commence par une voyelle.

ex. Mario a admiré *le souvenir.* - - - - ▸ Mario *l'*a admiré.

N.B. Quand il y a un verbe conjugué et un infinitif, le pronom se place avant le verbe dont il est l'objet direct.

ex. André veut rapporter *la statue.* - - ▸ André veut *la* rapporter.

▶ Regarde!

Les élèves analysent le problème.
Les élèves analysent *quoi*? - - - - - ▸ *le problème* (masculin, singulier)
Les élèves l'analysent.

Le policier dirige les spectateurs vers l'autre côté de la rue.
Le policier dirige *qui*? - - - - - ▸ *les spectateurs* (masculin, pluriel)
Le policier **les** dirige vers l'autre côté de la rue.

Je verrai ma vedette préférée ce soir!

Je verrai *qui*? - - - - -▸ *ma vedette* (féminin, singulier)

Je **la** verrai ce soir!

Je regarderai les nouvelles ce soir.

Je regarderai *quoi*? - - - - -▸ *les nouvelles* (féminin, pluriel)

Je **les** regarderai.

Remarque!

Le **pronom d'objet direct** répond aux questions *qui*? ou *quoi*?

B. Les pronoms d'objets indirects

On utilise les *pronoms d'objets indirects* pour éviter la répétition.

▶ **Regarde!** --

Michelle téléphone à son ami(e).
Michelle téléphone *à qui?* - - - -▸ *à son ami(e)* (féminin, singulier)
Michelle **lui** téléphone.

Le prof expliquera les questions aux garçons.
Le prof expliquera *à qui?* - - - - -▸ *aux garçons* (masculin, pluriel)
Le prof **leur** expliquera les questions.

Le prof parlera aux filles.
Le prof parlera *à qui?* - - - - - -▸ *aux filles* (féminin, pluriel)
Le prof **leur** parlera.

Anil a écrit à son correspondant.
Anil a écrit *à qui?* - - - - -▸ à son correspondant (masculin, singulier)
Anil **lui** a écrit.

Le **pronom d'objet indirect** répond aux questions *à qui*? ou *à quoi*?

Les verbes sont toujours suivis de la préposition **à**.

Voici quelques verbes qui sont souvent suivis de la préposition **à** :

dire à	expliquer à	montrer à	répondre à
donner à	écrire à	parler à	téléphoner à

	Pronom d'objet direct (qui? quoi?)	Pronom d'objet indirect (à qui?)
masculin, singulier	le, l'	lui
féminin, singulier	la, l'	lui
masculin, pluriel	les	leur
féminin, pluriel	les	leur

Remarque!

Le genre n'influence pas le pronom d'objet indirect :

féminin, masculin (singulier) = lui

féminin, masculin (pluriel) = leur

C. Les mots interrogatifs

Les mots interrogatifs précisent une question.

Les mots interrogatifs :

Quand?	le temps, l'heure, le jour, l'année, etc.
Où?	un lieu, un endroit, une place, une ville, etc.
Qui?	une personne
Pourquoi?	la raison, la cause
Comment?	la manière, la façon
Quoi?	une chose, toujours utilisé avec les prépositions à, *de* ou *avec*
Qu'	utilisé avec *est-ce que* pour une chose
Quel, Quelle, Quels, Quelles	une sélection, un choix

Exemples :

Quand est-ce que tu vas partir?	Je vais partir **à neuf heures**.
Pourquoi préférez-vous cette loi?	Je la préfère **car elle est plus juste envers les animaux**.
Comment est-elle partie?	Elle est partie **en avion**.
Avec **quoi** fait-il le moule?	Il fait le moule avec **du plâtre**.
Qu'est-ce que tu veux?	Je veux **acheter un animal domestique**.
Quels chapitres avez-vous lus?	Nous avons **lu les chapitres 2 et 3**.

▶ Regarde!

Où **est-ce qu**'ils vont? - - - - - - → Ils vont dans la vallée des Rois.

Avec *qui* **est-ce qu**'ils - - - - - - - → Ils parlent avec Philippe.
parlent?

Quels souvenirs **est-ce** - - - - - - - → Je vais rapporter des figurines.
que tu vas rapporter?

De *quoi* **est-ce que** - - - - - - - → Nous parlons de notre voyage.
vous parlez?

> ### Remarque!
> On peut ajouter l'expression interrogative **est-ce que** aux mots interrogatifs.

▶ Regarde!

Quand **viens-tu** à - - - - - - - → Je viens **tout à l'heure**.
l'école?

Quelle histoire - - - - - - - → Elle raconte l'histoire **de son**
raconte-t-elle? **voyage**.

Avec *quoi* **fait-il** le - - - - - - - → Il le fait avec **du latex**.
masque?

Pourquoi le Titanic - - - - - - - → Il a coulé **à cause d'un**
a-t-il coulé? **iceberg**.

> ### Remarque!
> On peut poser des questions en faisant l'*inversion* ; **le pronom et le verbe sont dans l'ordre inverse.**

N.B. On doit ajouter un *t* devant *il* ou *elle* pour faciliter la prononciation quand le verbe finit par une voyelle.

D. Le pronom *y*

Le pronom *y* décrit un *lieu*. Dans une phrase, *y* précède le verbe.

▶ **Regarde!** --

Est-ce que les oiseaux vont **dans le sud en hiver**?

Oui, les oiseaux **y** vont.

     ou

Non, les oiseaux n'**y** vont pas.

Est-ce que le zoologiste a examiné les animaux **dans la cour**?

Oui, il **y** a examiné les animaux.

     ou

Non, il n'**y** a pas examiné les animaux.

Êtes-vous allés **à la manifestation**?

Oui, nous **y** sommes allés.

     ou

Non, nous n'**y** sommes pas allés.

Est-ce que la reporter va retourner **à Vancouver**?

Oui, elle va **y** retourner.

ou

Non, elle ne va pas **y** retourner.

Veux-tu aller **au parc**?

Oui, je veux **y** aller.

ou

Non, je ne veux pas **y** aller.

Pouvez-vous aller **dans la cour**?

Oui, nous pouvons **y** aller.

ou

Non, nous ne pouvons pas **y** aller.

Remarque!

Quand il y a deux verbes dans une phrase, le pronom **y** précède le verbe qu'il accompagne.

Le pronom **y** remplace l'objet avec les expressions *répondre à*, *penser à*, *croire à* **excepté** quand il s'agit d'une personne.

▶ Regarde!

une idée/un concept/une chose	une personne
Ils ont répondu **aux questions**.	Ils ont répondu **à la reporter**.
Ils **y** ont répondu.	Ils **lui** ont répondu.
Ils n'**y** ont pas répondu.	Ils ne **lui** ont pas répondu.
Ils pense à **son travail**.	Il pense à **son amie**.
Il **y** pense.	Il pense à **elle**.
Il n'**y** pense pas.	Il ne pense pas à **elle**.
Elle croit **à la science**.	Elle croit **le professeur**. (objet direct)
Elle **y** croit.	Elle **le** croit. (objet direct)
Elle n'**y** croit pas.	Elle ne **le** croit pas.

Remarque!

Il faut faire attention de ne pas confondre **les expressions avec *à*** et les compléments d'objets indirects.

E. Le pronom *en*

Le pronom *en* remplace une chose ou une idée.

▶ **Regarde!** --

Vous voulez **de la tarte aux fraises**?

Oui, nous **en** voulons.

       ou

Non, nous n'**en** voulons pas.

Tu prends **du gâteau à la vanille**?

Oui, j'**en** prends.

       ou

Non, je n'**en** prends pas.

Ont-elles mangé **des biscuits au chocolat**?

Oui, elles **en** ont mangé.

       ou

Non, elles n'**en** ont pas mangé.

> **Remarque!**
>
> Le pronom *en* remplace un mot ou groupe de mots introduits par **du, de la, de l'** ou **des**. *En* se réfère à une partie de l'objet, ou à une quantité indéterminée.

▶ Regarde!

Tu veux **une pomme**?

Oui, j'**en** veux **une**, merci.

ou

Non, merci, je n'**en** veux pas.

Elles peuvent prendre **des livres de bibliothèque**?

Oui, elles peuvent **en** prendre **trois**.

ou

Non, elles ne peuvent pas **en** prendre.

Vous voulez **de la confiture**?

Oui, nous **en** voulons **beaucoup**!

ou

Non, nous n'**en** voulons pas **du tout**./Non, nous n'**en** voulons pas.

Remarque!

Le pronom **en** remplace un mot ou groupe de mots introduits par **un, une, du, de la, de l'** ou **des**. On ajoute **le nombre** ou **la quantité** pour spécifier.

▶ Regarde! --

Es-tu content(e) **de ton travail**?

Oui, j'**en** suis content(e).

> ou

Non, je n'**en** suis pas content(e).

Sont-ils heureux **de revenir de leur voyage**?

Oui, ils **en** sont heureux.

> ou

Non, ils n'**en** sont pas heureux.

Est-ce que vous avez parlé **de votre projet**?

Oui, nous **en** avons parlé?

> ou

Non, nous n'**en** avons pas parlé.

Marie est-elle fière **de sa tâche finale**?

Oui, elle **en** est fière.

> ou

Non, elle n'**en** est pas fière.

Remarque!

Le pronom **en** remplace les idées ou les choses introduites par la préposition *de*.

F. Les pronoms disjoints

Voici les pronoms sujets et les pronoms disjoints correspondants.

	pronoms sujets	pronoms disjoints
singulier	je	moi
	tu	toi
	il	lui
	elle	elle
pluriel	on	nous
	nous	nous
	vous	vous
	ils	eux
	elles	elles

1. **Pour mettre l'accent sur un nom ou une personne**

   ex. **Moi**, je déteste les pois!

   Il ne parle jamais en classe, **lui**.

   Elles n'ont jamais de chance, **elles**.

   Louise, **elle**, elle ne se trompe jamais.

   Nous, on écoute toujours en classe.

2. **Après *c'est***

   ex. C'est **toi** qui aimes les chats?

   Qui va au théâtre? C'est **eux**?

   C'est à **moi** que vous voulez parler?

   C'est **elle** qui a raconté toute l'histoire.

3. **Pour répondre à une question**

   ex. Qui a téléphoné? **Lui**.

   Qui veut du chocolat? **Nous**!

   Qui va en France cette année? **Elle**.

   Qui est-ce qui fait ce bruit? **Eux**!

4. **Après les prépositions**

   ex. Avec qui partez-vous? Avec **toi**.

   Tu viens au match de baseball? Oui, je viens avec **vous**.

   Où est Charles? Il est chez **lui**.

   À qui penses-tu? À **elle**.

G. Les pronoms relatifs qui et que

Les pronoms relatifs *qui* et *que* sont utilisés pour relier deux phrases ou idées.

Qui joue le rôle du *sujet* du verbe, alors ce mot est toujours suivi du verbe.

Que joue le rôle de *complément* du verbe, alors ce mot est toujours suivi d'un nom ou d'un pronom personnel.

1. *Qui*

ex. **La fille** traverse la rue. **La fille** est ma soeur.

La fille **qui** traverse la rue est ma soeur.

pronom relatif   verbe
sujet du verbe

Les boîtes de recyclage sont sales. **Les boîtes** sont dans le garage.

Les boîtes de recyclage **qui** sont dans le garage sont sales.

pronom relatif   verbe
sujet du verbe

C'est **André**. **André** a choisi le Titanic comme destination.

C'est André **qui** a choisi le Titanic comme destination.

pronom relatif   verbe
sujet du verbe

2. *Que*

ex. Nous avons ramassé les *bouteilles*. Voilà les *bouteilles*.

Voilà les bouteilles **que** nous avons ramassées.

pronom relatif   objet direct

As-tu vu la *lettre*? Carlos a écrit cette *lettre*.

As-tu vu la lettre **que** Carlos a écrite?

pronom relatif   objet direct

3. Les adjectifs

A. Les adjectifs qualificatifs

- Les adjectifs qualificatifs sont des mots qui *décrivent* un nom. L'adjectif exprime la qualité d'un nom.

- L'adjectif s'accorde en *genre* (masculin/féminin) et en *nombre* (singulier/pluriel) avec le nom qu'il qualifie.

ex. J'aime le parfum *délicat*.   Voilà une robe *délicate*.

    (masculin, singulier)   (féminin, singulier)

    Il achète des tissus *délicats*.   J'adore les fleurs *délicates*.

    (masculin, pluriel)   (féminin, pluriel)

1. Les adjectifs réguliers

	masculin	féminin
singulier	grand	grande
	intelligent	intelligente
	content	contente
	bleu	bleue
	petit	petite
	déterminé	déterminée
pluriel	grands	grandes
	intelligents	intelligentes
	contents	contentes
	bleus	bleues
	petits	petites
	déterminés	déterminées

2. Les adjectifs irréguliers

- Les adjectifs qui se terminent en -*e* ont la même forme au masculin et au féminin.

  ex. agile   aimable   bizarre   comique

       drôle   honnête   orange   pratique

       raisonable   rouge   sensible   sympathique

- Les adjectifs qui se terminent en **-if** se changent en **-ive** au féminin.

  ex. créat**if** - - - - ▸ créat**ive**   impuls**if** - - - - ▸ impuls**ive**

       sport**if** - - - - ▸ sport**ive**   intuit**if** - - - - ▸ intuit**ive**

- Les adjectifs qui se terminent en **-eux** se changent en **-euse** au féminin.

  ex. curi**eux** - - - - ▸ curi**euse**   génér**eux** - - - - ▸ génér**euse**

       séri**eux** - - - - ▸ séri**euse**   ennuy**eux** - - - - ▸ ennuy**euse**

       aventur**eux** - - - - ▸ aventur**euse**

       heur**eux** - - - - ▸ heur**euse**

- Les adjectifs qui se terminent en **-eur** se changent en **-euse** au féminin.

  ex. charm**eur** - - - - ▸ charm**euse**

       ment**eur** - - - - ▸ ment**euse**

       travaill**eur** - - - - ▸ travaill**euse**

       blagu**eur** - - - - ▸ blagu**euse**

- Les adjectifs qui se terminent en –**ien** se changent en –**ienne** au féminin.

  ex. canad**ien** - - - - ▸ canad**ienne**   acad**ien** - - - - ▸ acad**ienne**

       ontar**ien** - - - - ▸ ontar**ienne**   ind**ien** - - - - ▸ ind**ienne**

- Les adjectis qui se terminent en –**eau** se changent en –**elle** au féminin.

  ex. **beau, bel*** - - - ▸ b**elle**   nouv**eau, nouvel*** - - - ▸ nouv**elle**

- Les adjectifs qui se terminent en –**anc** se changent en –**anche** au féminin.

  ex. bl**anc** - - - - ▸ bl**anche**   fr**anc** - - - - ▸ fr**anche**

*devant une voyelle ou un *h* muet

- D'autres adjectifs prennent des formes différentes.
Voici quelques exemples.

masculin	féminin
doux	douce
favori	favorite
fou	folle
frais	fraîche
gentil	gentille
jaloux	jalouse
vieux, vieil*	vieille

*devant une voyelle ou un *h* muet

ex. un bel éléphant, un bel hôtel
un vieil éléphant, un vieil hôtel

B. Le comparatif et le superlatif de *bon*

Bon est un **adjectif** qui qualifie un *nom*.

ex. C'est un **bon** *livre*. Cette *émission* était très **bonne**.

- Le **comparatif** est utilisé pour exprimer une comparaison.
  L'adjectif **bon** devient **meilleur que**.

  ex. *Le livre* est **meilleur que** le *film*. *Cette émission* était
  meilleure que *le concert*.

  Les acteurs sont **meilleurs que** *les personnages réels*!

  Ces histoires sont **meilleurs que** *ces contes*.

- Le **superlatif** indique une qualité à son plus haut degré. L'adjectif
  bon devient *le meilleur*.

  ex. Ce *livre* est **le meilleur** de tous. Cette *émission* était **la
  meilleure**.

  Les acteurs sont **les meilleurs**.

  Ces histoires sont **les meilleures**.

Remarque!

Le comparatif et le superlatif de l'adjectif *bon* s'accordent en
genre et en nombre avec le nom qu'il qualifie.

ex. Ces *livres* sont **les meilleurs**.

Ces *émissions* étaient **les meilleures**.

l'adjectif	le comparatif	le superlatif
bon, bonne,	meilleur que,	le meilleur,
	meilleure que,	la meilleure,
bons, bonnes	meilleurs que,	les meilleurs,
	meilleures que	les meilleures

---

4. Les conjonctions (et, mais, ou, donc, car, ni)

Une conjonction relie deux mots ou groupes de mots.

- On utilise **et** pour relier deux idées.

  ex. Cette actrice danse **et** chante.

  Ils font leurs devoirs **et** ils étudient tous les soirs.

- On utilise **mais** quand la deuxième idée place une restriction sur la première idée.

  ex. Je veux aller au cinéma **mais** je n'ai pas d'argent.

  Il fait beau **mais** froid.

- On utilise **ou** quand la deuxième idée propose un autre choix que la première idée.

  ex. Est-ce que tu prends du café **ou** du thé le matin?

  Je peux faire du sport **ou** étudier après l'école.

- On utilise **donc** quand la deuxième idée exprime une conséquence de la première idée.

  ex. James est en vacances, **donc** il n'est pas chez lui.

  On n'a pas eu le temps de finir notre projet hier, **donc** il faut le terminer aujourd'hui.

- On utilise **car** quand la deuxième idée explique la première idée.

  ex. Elle n'est pas venue à l'école **car** elle est malade.

  Tu dois étudier **car** il y a un test bientôt.

- On utilise **ni** dans une phrase au négatif, pour ajouter une autre négation.

  ex. Je ne fais pas de ski **ni** de patinage.

  Ils ne sont pas allés à Toronto **ni** à Ottawa.

5. Les adverbes

L'adverbe ajoute une information qui se rapporte au verbe. L'adverbe est toujours invariable.

ex. Il court *vite*; il court *rapidement*.

Il court souvent; il court *régulièrement*.

A. Une liste d'adverbes

alors	après	assez	aujourd'hui	aussi
beaucoup	bien	bientôt	déjà	demain
donc	dur	encore	enfin	ensemble
ensuite	environ	fort	hier	ici
jamais	là	loin	longtemps	maintenant
mal	même	mieux	moins	parfois
partout	peu	peut-être	plus	plutôt
presque	puis	quelquefois	si	soudain
souvent	surtout	tant	tard	tôt
toujours	très	trop	vite	

B. Comment former un adverbe en *–ment*

Former les adverbes en **–ment**, c'est simple comme bonjour!

- Il faut :

Prendre - - - - ▸ l'adjectif.	Mettre l'adjectif - - - - ▸ au féminin.	Ajouter –ment.
ex. complet	complète	complètement
fou	folle	follement
heureux	heureuse	heureusement
joyeux	joyeuse	joyeusement
nul	nulle	nullement
parfait	parfaite	parfaitement
réel	réelle	réellement

- Quand l'adjectif ne change pas au féminin, on ajoute *–ment* pour former l'adverbe.

  ex. adjectif   **adverbe**

drôle	- - - - - - - ▸	drôlement
rapide	- - - - - - - ▸	rapidement
honnête	- - - - - - - ▸	honnêtement
terrible	- - - - - - - ▸	terriblement

- Certains adverbes ne sont pas formés du féminin de l'adjectif.

  ex. gentil(le)   - - - - - - - ▸   gentiment

  poli(e)   - - - - - - - ▸   poliment

  joli(e)   - - - - - - - ▸   joliment

  vrai(e)   - - - - - - - ▸   vraiment

C. La comparaison et le superlatif des adverbes

- Pour faire une comparaison, on ajoute *plus/moins* + adverbe + que…
- Au superlatif, c'est *le plus/le* moins + adverbe.

  ex.   Marie parle *vite*.

  comparatif   Paul parle *plus vite que* Marie.

  superlatif   Julie parle *le plus vite* (des trois).

D. Le comparatif et le superlatif de *bien*

Bien est un *adverbe*. Puisque les adverbes sont invariables, le comparatif et le superlatif de **bien** sont aussi *invariables*.

ex. Jeanne chante **bien**. Élise chante **mieux** que Jeanne. Chantal chante **le mieux**.

l'adverbe	le comparatif	le superlatif
bien	mieux (que)	le mieux

6. Les verbes
N.B. Réfère-toi aux tableaux de conjugaisons aux pages 222–229 du livre.

A. Les verbes pronominaux (au présent)

Certains verbes ont besoin d'un pronom réfléchi (*me*, *te*, *se*, *nous*, *vous*). Le sujet du verbe *fait* et *reçoit* l'action. Voici quelques exemples de verbes pronominaux. Remarque qu'on place le *pronom réfléchi* devant le verbe.

ex. je **me** lève   je **m'**amuse

    tu **te** réveilles   tu **te** maquilles

    il/elle **se** fâche   il/elle **s'**installe

    nous **nous** lavons   nous **nous** déshabillons

    vous **vous** couchez   vous **vous** regardez

    ils/elles **se** coiffent   ils/elles **s'**endorment

Voici quelques verbes qui peuvent être pronominaux :

s'amuser	se battre	se brosser	se coiffer
se coucher	se déshabiller	s'endormir	se fâcher
s'habiller	se laver	se lever	se maquiller
se peigner	se raser	se regarder	se réveiller

1. Au négatif!

Je **ne** *me lave* **pas** le matin.   Tu **ne** *te réveilles* **jamais** avant midi!

Elle **ne** *s'amuse* **pas** aujourd'hui.   Vous **ne** *vous fâchez* **jamais**?

Remarque!

Quand on parle d'une partie du corps en utilisant un verbe pronominal, il ne faut pas utiliser l'adjectif possessif (*mon*, *ton*, *son*, etc.).

ex. Elle *se brosse* **les** dents.

    Nous *nous lavons* **le** visage.

B. Le passé composé

1. Des verbes réguliers

Les enfants *ont* **mangé** à l'école hier.

l'auxiliaire   le participe passé

- pour les verbes avec l'auxiliaire **avoir**

verbes en -er	**verbes en -ir**	**verbes en -re**
j'**ai** regard**é**	j'**ai** fini	j'**ai** vend**u**
tu **as** march**é**	tu **as** choisi	tu **as** défend**u**
il **a** cherch**é**	il **a** réagi	il **a** rend**u**
elle **a** nag**é**	elle **a** obé**i**	elle **a** pend**u**
nous **avons** regard**é**	nous **avons** fini	nous **avons** vend**u**
vous **avez** march**é**	vous **avez** choisi	vous **avez** défend**u**
ils **ont** cherch**é**	ils **ont** réag**i**	ils **ont** rend**u**
elles **ont** nag**é**	elles **ont** obé**i**	elles **ont** pend**u**

- pour les verbes avec l'auxiliaire **être**

je **suis** deven**u(e)**

tu es reven**u(e)**

il est mont**é**

elle est rest**ée**

nous sommes sort**i(e)s**

vous êtes ven**u(e)(s)**

ils sont arriv**és**

elles sont tomb**ées**

N.B. On doit faire l'accord du participe passé avec le *sujet du verbe*

- - - - - → en **genre**   et   en **nombre**.

(masculin/féminin)   (singulier/pluriel)

ex. Louis est all**é** chez lui.

(masculin, singulier)

La femme est mont**ée** dans l'auto.

(féminin, singulier)

Les élèves sont rest**és** à l'école.

(masculin, pluriel)

Les filles sont arriv**ées** hier soir.

(féminin, pluriel)

- Comment se rappeler des verbes qui utilisent l'auxiliaire **être**?

▶ **Regarde!** --

Voici comment faciliter la mémorisation!

Le docteur Vander s'est marié avec Mme Tramp. En anglais, ils sont maintenant **DR** & **MRS VANDERTRAMP**!

Devenir - devenu*

Revenir - revenu*

Monter - monté

Rester - resté

Sortir - sorti

Venir - venu*

Aller - allé

Naître - né*

Descendre - descendu

Entrer - entré

Rentrer - rentré

Tomber - tombé

Retourner - retourné

Arriver – arrivé

Mourir - mort*

Partir - parti

*participes passés irréguliers

----

2. Des verbes irréguliers

▶ **Regarde!** --

Il y a toujours des verbes qui ne suivent pas la règle!

N.B. Attention aux auxiliaires!

avoir	j'ai **eu**
apprendre	tu as **appris** *
boire	elles ont **bu**
comprendre	il a **compris** *
couvrir	elle a **couvert** †
découvrir	nous avons **découvert** †
devenir	il est **devenu**
devoir	vous avez **dû**
disparaître	ils ont **disparu**
être	elles ont **été**
faire	j'ai **fait**
lire	tu as **lu**
mettre	il a **mis**
mourir	il est **mort**
naître	il est **né**
offrir	elle a **offert** †
ouvrir	nous avons **ouvert** †
prendre	vous avez **pris** *
reprendre	ils ont **repris** *
revenir	il est **revenu**
souffrir	elles ont **souffert** †
surprendre	j'ai **surpris** *
venir	il est **venu**
voir	tu as **vu**

Verbes semblables :
-indiqués par les
 symboles * et †

----

3. Le verbe suivi d'un infinitif

Quand deux verbes se suivent consécutivement, le deuxième verbe est à l'infinitif.

• Au passé composé, l'*auxiliaire* et le *participe passé* sont considérés comme **un verbe**!

ex. Je *dois* **interroger** le suspect principal.

(*verbe conjugué*, **infinitif**)

Tu *as voulu* **trouver** le détective?

(*verbe conjugué*, **infinitif**)

▶ **Regarde!** ---

Certains verbes prennent la préposition *à* ou *de* quand ils sont suivis d'un infinitif!

ex. Il *a continué* à **chercher**.

(*verbe conjugué*, préposition, **infinitif**)

Elles *ont décidé* de **partir** demain.

(*verbe conjugué*, préposition, **infinitif**)

Verbes suivis de la préposition à	**Verbes suivis de la préposition de**
aider à	avoir peur de
apprendre à	cesser de
arriver à	commencer de *
avoir à	continuer de *
commencer à *	décider de
continuer à *	demander de
enseigner à	essayer de
hésiter à	finir de
inviter à	manquer de
recommencer à	offrir de
réussir à	oublier de
songer à	refuser de
	regretter de
	remercier de
	venir de

*S'utilisent avec *à* ou *de*.

----

4. Le passé composé au négatif

▶ **Regarde!** --

Le négatif entoure les auxiliaires **être** et **avoir**

ex. Les enfants **n'** *ont* **pas** fini leurs devoirs?

sujet + n'/ne + avoir/être + pas + participe passé

Elles **ne** *sont* **pas** parties à l'heure.

----

5. Le passé composé à l'interrogatif (l'inversion)

avoir	être
Ai-je fini?	Suis-je monté?
As-tu…?	Es-tu…?
A-t-il…?	Est-il…?
A-t-elle…?	Est-elle…?
Avons-nous…?	Sommes-nous…?
Avez-vous…?	Êtes-vous…?
Ont-ils…?	Sont-ils…?
Ont-elles…?	Sont-elles…?

ex. As-tu téléphoné à ton ami hier soir?

Sont-ils descendus de l'avion à midi?

C. Le futur simple

1. Des verbes réguliers

Le futur simple est un temps de verbe qui exprime une idée au futur.

Pour les verbes réguliers en **–er** et **–ir**, tu prends **l'infinitif** et tu ajoutes **les terminaisons du futur**.

Une terminaison, c'est ce qu'on ajoute à la fin d'un verbe conjugué.

ex. changer – – – – – ▶ changer + (*ai, as, a, ons, ez, ont*)

ex. -er

je change**rai**

tu aime**ras**

il arrive**ra**

elle nage**ra**

nous place**rons**

vous étudie**rez**

ils joue**ront**

elles saute**ront**

-ir

je fini**rai**

tu rougi**ras**

il choisi**ra**

elle grandi**ra**

nous parti**rons**

vous subi**rez**

ils senti**ront**

elles servi**ront**

> **Remarque!**
>
> **les terminaisons**
>
> j'**ai**
>
> tu **as**
>
> il **a**
>
> elle **a**
>
> nous av**ons**
>
> vous av**ez**
>
> ils **ont**
>
> elles **ont**

Pour les verbes en **-re**, tu *enlèves le* **e** *final de l'infinitif* et tu ajoutes les *terminaisons du futur*.

ex. vendre - - - - -▸ vendr + (*ai, as, a, ons, ez, ont*)

ex. -re

je vend**rai**

tu descend**ras**

il craind**ra**

elle rend**ra**

nous dépend**rons**

vous répond**rez**

ils attend**ront**

elles comprend**ront**

2. Des verbes irréguliers

Certains verbes sont irréguliers au futur simple.

N.B. Les terminaisons ne varient pas! C'est le radical du verbe qui est irrégulier!

Un radical est la racine du verbe à laquelle on ajoute une terminaison.

radical + terminaison = verbe conjugué

Voici quelques exemples.

aller - - - - - ▸ radical *ir* + terminaison = j'irai, tu iras, il/elle aura, nous irons, vous irez, ils/elles iront

avoir - - - - - ▸ radical *aur* + terminaison = j'aurai, tu auras, il/elle aura, nous aurons, vous aurez, ils/elles auront

devoir - - - - - ▸ radical *devr* + terminaison = je devrai, tu devras, il/elle devra, nous devrons, vous devrez, ils/elles devront

être - - - - - ▸ radical *ser* + terminaison = je serai, tu seras, il/elle sera, nous serons, vous serez, ils/elles seront

faire - - - - - ▸ radical *fer* + terminaison = je ferai, tu feras, il/elle fera, nous ferons, vous ferez, ils/elles feront

pouvoir - - - - - ▸ radical *pourr* + terminaison = je pourrai, tu pourras, il/elle pourra, nous pourrons, vous pourrez, ils/elles pourront

venir - - - - - ▸ radical *viendr* + terminaison = je viendrai, tu viendras, il/elle viendra, nous viendrons, vous viendrez, ils/elles viendront

voir - - - - - ▸ radical *verr* + terminaison = je verrai, tu verras, il/elle verra, nous verrons, vous verrez, ils/elles verront

vouloir - - - - - ▸ radical *voudr* + terminaison = je voudrai, tu voudras, il/elle voudra, nous voudrons, vous voudrez, ils/elles voudront

N.B. Il faut apprendre les radicaux par cœur.

3. Le futur simple au négatif

Je **ne** ferai **pas** d'appels téléphoniques ce soir.

Vous **ne** changerez **pas** d'idée.

4. Le futur simple à l'interrogatif

Est-ce que tu finiras ton sandwich?

Partirez-vous à 20 h?

Tableaux de conjugaisons

—er, parler

présent

je parle
tu parles
il, elle, on parle
nous parlons
vous parlez
ils, elles parlent

impératif

parle

parlons
parlez

passé composé

j'ai parlé
tu as parlé
il, elle, on a parlé
nous avons parlé
vous avez parlé
ils, elles ont parlé

futur

je parlerai
tu parleras
il, elle, on parlera
nous parlerons
vous parlerez
ils, elles parleront

—ir, finir

présent

je finis
tu finis
il, elle, on finit
nous finissons
vous finissez
ils, elles finissent

impératif

finis

finissons
finissez

passé composé

j'ai fini
tu as fini
il, elle, on a fini
nous avons fini
vous avez fini
ils, elles ont fini

futur

je finirai
tu finiras
il, elle, on finira
nous finirons
vous finirez
ils, elles finiront

—re, vendre

présent

je vends
tu vends
il, elle, on vend
nous vendons
vous vendez
ils, elles vendent

impératif

vends

vendons
vendez

passé composé

j'ai vendu
tu as vendu
il, elle, on a vendu
nous avons vendu
vous avez vendu
ils, elles ont vendu

futur

je vendrai
tu vendras
il, elle, on vendra
nous vendrons
vous vendrez
ils, elles vendront

acheter

j'achète
tu achètes
il, elle, on achète
nous achetons
vous achetez
ils, elles achètent

achète

achetons
achetez

j'ai acheté
tu as acheté
il, elle, on a acheté
nous avons acheté
vous avez acheté
ils, elles ont acheté

j'achèterai
tu achèteras
il, elle, on achètera
nous achèterons
vous achèterez
ils, elles achèteront

aller

je vais
tu vas
il, elle, on va
nous allons
vous allez
ils, elles vont

va

allons
allez

je suis allé(e)
tu es allé(e)
il, elle, on est allé(e)
nous sommes allé(e)s
vous êtes allé(e)(s)
ils, elles sont allé(e)s

j'irai
tu iras
il, elle, on ira
nous irons
vous irez
ils, elles iront

avoir

j'ai
tu as
il, elle, on a
nous avons
vous avez
ils, elles ont

aie

ayons
ayez

j'ai eu
tu as eu
il, elle, on a eu
nous avons eu
vous avez eu
ils, elles ont eu

j'aurai
tu auras
il, elle, on aura
nous aurons
vous aurez
ils, elles auront

connaître

présent

je connais

tu connais

il, elle, on connaît

nous connaissons

vous connaissez

ils, elles connaissent

impératif

connais

connaissons

connaissez

passé composé

j'ai connu

tu as connu

il, elle, on a connu

nous avons connu

vous avez connu

ils, elles ont connu

futur

je connaîtrai

tu connaîtras

il, elle, on connaîtra

nous connaîtrons

vous connaîtrez

ils, elles connaîtront

devoir

présent

je dois

tu dois

il, elle, on doit

nous devons

vous devez

ils, elles doivent

impératif

passé composé

j'ai dû

tu as dû

il, elle, on a dû

nous avons dû

vous avez dû

ils, elles ont dû

futur

je devrai

tu devras

il, elle, on devra

nous devrons

vous devrez

ils, elles devront

dire

présent

je dis

tu dis

il, elle, on dit

nous disons

vous dites

ils, elles disent

impératif

dis

disons

dites

passé composé

j'ai dit

tu as dit

il, elle, on a dit

nous avons dit

vous avez dit

ils, elles ont dit

futur

je dirai

tu diras

il, elle, on dira

nous dirons

vous direz

ils, elles diront

écrire

présent

j'écris
tu écris
il, elle, on écrit
nous écrivons
vous écrivez
ils, elles écrivent

impératif

écris

écrivons
écrivez

passé composé

j'ai écrit
tu as écrit
il, elle, on a écrit
nous avons écrit
vous avez écrit
ils, elles ont écrit

futur

j'écrirai
tu écriras
il, elle, on écrira
nous écrirons
vous écrirez
ils, elles écriront

être

présent

je suis
tu es
il, elle, on est
nous sommes
vous êtes
ils, elles sont

impératif

sois

soyons
soyez

passé composé

j'ai été
tu as été
il, elle, on a été
nous avons été
vous avez été
ils, elles ont été

futur

je serai
tu seras
il, elle, on sera
nous serons
vous serez
ils, elles seront

faire

présent

je fais
tu fais
il, elle, on fait
nous faisons
vous faites
ils, elles font

impératif

fais

faisons
faites

passé composé

j'ai fait
tu as fait
il, elle, on a fait
nous avons fait
vous avez fait
ils, elles ont fait

futur

je ferai
tu feras
il, elle, on fera
nous ferons
vous ferez
ils, elles feront

lire

je lis
tu lis
il, elle, on lit
nous lisons
vous lisez
ils, elles lisent

lis

lisons
lisez

j'ai lu
tu as lu
il, elle, on a lu
nous avons lu
vous avez lu
ils, elles ont lu

je lirai
tu liras
il, elle, on lira
nous lirons
vous lirez
ils, elles liront

mettre

je mets
tu mets
il, elle, on met
nous mettons
vous mettez
ils, elles mettent

mets

mettons
mettez

j'ai mis
tu as mis
il, elle, on a mis
nous avons mis
vous avez mis
ils, elles ont mis

je mettrai
tu mettras
il, elle, on mettra
nous mettrons
vous mettrez
ils, elles mettront

partir

je pars
tu pars
il, elle, on part
nous partons
vous partez
ils, elles partent

pars

partons
partez

je suis parti(e)
tu es parti(e)
il, elle, on est parti(e)
nous sommes parti(e)s
vous êtes parti(e)(s)
ils, elles, sont parti(e)s

je partirai
tu partiras
il, elle, on partira
nous partirons
vous partirez
ils, elles partiront

pouvoir

présent

je peux
tu peux
il, elle, on peut
nous pouvons
vous pouvez
ils, elles peuvent

impératif

passé composé

j'ai pu
tu as pu
il, elle, on a pu
nous avons pu
vous avez pu
ils, elles ont pu

futur

je pourrai
tu pourras
il, elle, on pourra
nous pourrons
vous pourrez
ils, elles pourront

prendre

présent

je prends
tu prends
il, elle, on prend
nous prenons
vous prenez
ils, elles prennent

impératif

prends

prenons
prenez

passé composé

j'ai pris
tu as pris
il, elle, on a pris
nous avons pris
vous avez pris
ils, elles ont pris

futur

je prendrai
tu prendras
il, elle, on prendra
nous prendrons
vous prendrez
ils, elles prendront

sortir

présent

je sors
tu sors
il, elle, on sort
nous sortons
vous sortez
ils, elles sortent

impératif

sors

sortons
sortez

passé composé

je suis sorti(e)
tu es sorti(e)
il, elle, on est sorti(e)
nous sommes sorti(e)s
vous êtes sorti(e)(s)
ils, elles sont sorti(e)s

futur

je sortirai
tu sortiras
il, elle, on sortira
nous sortirons
vous sortirez
ils, elles sortiront

venir

je viens
tu viens
il, elle, on vient
nous venons
vous venez
ils, elles viennent

impératif

viens

venons

venez

passé composé

je suis venu(e)
tu es venu(e)
il, elle, on est venu(e)
nous sommes venu(e)s
vous êtes venu(e)(s)
ils, elles sont venu(e)s

futur

je viendrai
tu viendras
il, elle, on viendra
nous viendrons
vous viendrez
ils, elles viendront

voir

présent

je vois
tu vois
il, elle, on voit
nous voyons
vous voyez
ils, elles voient

impératif

vois

voyons

voyez

passé composé

j'ai vu
tu as vu
il, elle, on a vu
nous avons vu
vous avez vu
ils, elles ont vu

futur

je verrai
tu verras
il, elle, on verra
nous verrons
vous verrez
ils, elles verront

vouloir

présent

je veux
tu veux
il, elle, on veut
nous voulons
vous voulez
ils, elles veulent

impératif

veuille

veuillons

veuillez

passé composé

j'ai voulu
tu as voulu
il, elle, on a voulu
nous avons voulu
vous avez voulu
ils, elles ont voulu

futur

je voudrai
tu voudras
il, elle, on voudra
nous voudrons
vous voudrez
ils, elles voudront

adj. adjectif   *loc.* locution   *pl.* pluriel   *pron.* pronom
adv. adverbe   *n.m.* nom masculin   *inv.* invariable   *v.* verbe
conj. conjonction   *n.f.* nom féminin   *prép.* préposition

Lexique français – anglais

A

abord (d') *loc.* first, at first

aboyer *v.* to bark

accord (d') *loc.* in agreement

accompagner *v.* to go with

accorder *v.* to give, to grant; **s'accorder** *v.* to agree

accueil *n.m.* welcome, reception

acheter *v.* to buy, to purchase

acteur *n.m.*, **actrice** *n.f.* actor

adjectif *n.m.* adjective

admettre *v.* to admit

adolescent, ado, *n.m.* teenager

adresse électronique *n.f.* electronic address

adresser *v.* to address; **adresser à** to gear to; **s'addresser à** to speak to

affaire *n.f.* matter, business

affiche *n.f.* poster

affirmer *v.* to maintain

âgé(e) *adj.* old

agence de voyages *n.f.* travel agency

agent de police *n.m.* policeman

agir *v.* to act

aide *n.f.* help

aider *v.* to help

aile *n.f.* wing

ailleurs (d') *adv.* besides, moreover

aimer *v.* to love, to like

aîné *n.m.*, **aînée** *n.f.*, *adj.* the eldest (child)

aire *n.f.* area

ajouter *v.* to add

aliment *n.m.* food

aller *v.* to go; **aller mal**, to go wrong; **aller-simple** *n.* one way; **aller-retour** *n.* round trip

allongé(e) *adj.* lengthened

allumette *n.f.* match

alors *adv.* then, so; **alors que** when

alpin(e) *adj.* alpine

âme *n.f.* soul

améliorer *v.* to improve

aménager *v.* to fit out, to lay out

amener *v.* to bring

ami, *n.m.*, **amie** *n.f.* friend

amour *n.m.* love

amuser (s') *v.* to play, to have fun

an *n.m.* year

analyse *n.f.* analysis

ancêtre *n.m.,f.* ancestor

anglais(e) *adj.* English

animateur *n.m.*, **animatrice** *n.f.* organizer, animator

animer *v.* to animate

année *n.f.* year

annonce (publicitaire) *n.f.* advertisement

antique *adj.* ancient

aperçu *n.m.* general idea

apparaître *v.* to appear

appareil *n.m.* appliance; **appareil-photo** *n.m.* camera

appartenir *v.* to belong

appel *n.m.* call

appeler *v.* to call; **s'appeler** to be named, to be called

appétit *n.m.* appetite

applaudir *v.* to applaud

appliquer *v.* to apply

apporter *v.* to bring

apprendre *v.* to learn

approcher (s') *v.* to get close

approfondi(e) *adj.* thorough, detailed

approprié(e) *adj.* appropriate

appui *n.m.* support

après *prép.* after; **après tout** after all; **d'après** according to

après-midi *n.m. inv.* afternoon

arabe *adj.* arabic

arachide *n.f.* peanut

araignée *n.f.* spider

arbre *n.m.* tree

argent *n.m.* money

armée *n.f.* army

arranger *v.* to fix

arrêter *v.* to stop; **s'arrêter** to stop, to come to a stop

arrière-cour *n.f.* backyard

arrière-grand-père *n.m.* great grandfather

arrivée *n.f.* arrival

arriver *v.* to arrive, to happen

arroser *v.* to water

artisan *n.m.* craftsman

artisanat *n.m.* craft

assister à *v.* to attend

associer *v.* to associate

asseoir *v.* to sit; **s'asseoir** to sit down

assez *adv.* enough

atelier *n.m.* workshop

attaquer *v.* to attack

attendre *v.* to wait; **s'attendre à** to expect

attester (de) *v.* to testify to

attirer *v.* to attract

aubergine *n.f.* eggplant

aucun(e) *adj.* not one, none

audacieux, audacieuse *adj.* daring

auditeur *n.m.*, **auditrice** *n.f.*, listener

auditoire *n.m.* audience

augmenter *v.* to increase

aujourd'hui *adv.* today

aussi *adv.* also, as well

automne *n.m.* fall, autumn

autorisation *n.f.* autorization

autoriser *v.* to autorize

autre *adj.* other

autrement *adv.* differently, otherwise

avance *n.f.* advance

avant *prép.* before

avec *prép.* with

avenir *n.m.* future

aventure *n.f.* adventure

aventureux, aventureuse *adj.* adventurous

avertir *v.* to warn

avion *n.m.* airplane

avis *n.m.* opinion; **à ton avis** in your opinion

avis (à votre) *n.m.* in your opinion

avoir *v.* to have; **avoir besoin de** to need; **avoir hâte** to look forward; **avoir lieu** to take place; **avoir peur** to be afraid

B

bagarre *n.f.* scuffle, fight

bague *n.f.* ring

baigner (se) *v.* to bathe

baignoire *n.f.* bathtub

baleine *n.f.* whale

balle *n.f.* (small) ball for baseball, ping pong

ballon *n.m.* ball (for volleyball, basketball, etc.)

banane *n.f.* banana

bancaire *adj.* banking

bande dessinée *n.f.* comic strip

bannir *v.* to banish, to dismiss

banque *n.f.* bank

banquier *n.m.* banker

baril *n.m.* barrel

bas (en) *n.m.* at the bottom, downstairs

baser (sur) *v.* to base on

bataille *n.f.* battle

bateau *n.m.* boat

bâtiment *n.m.* building

batterie *n.f.* drums

battre (se) *v.* to fight

beau, belle *adj.* beautiful

beaucoup *adv.* much, many

bébé *n.m.* baby

beigne *n.m.* doughnut

bénéficier *v.* to benefit, to gain

bénévolat *n.m.* volunteer work

bénévole *n.m., f.* volunteer

berger *n.m.* shepherd

besoin (au) *n.m.* if need be, as needed

bête *n.f.* beast; stupid, idiot

beurre *n.m.* butter **beurre d'arachide** peanut butter

bibliothèque *n.f.* library

bien *adv.* well, wisely

bienvenue *n.f.* welcome

bière *n.f.* beer

bijou *n.m.* jewel

billet *n.m.* ticket, bill

biscuit *n.m.* cookie, biscuit

bison *n.m.* American buffalo

blague *n.f.* joke

blanc, blanche *adj.* white

bleu(e) *adj.* blue

blond(e) *adj.* blond

boire *v.* to drink

bois *n.m.* wood

boisson *n.f.* beverage

boîte *n.f.* box

bol *n.m.* bowl

bombe *n.f.* bomb

bon, bonne *adj.* good

bonbon *n.m.* candy

bonheur *n.m.* happiness

bord *n.m.* side, **à bord**, aboard

bouger *v.* to move

bout *n.m.* end, bit

bouton *n.m.* button

brancher (se) *v.* to connect

bras *n.m.* arm

bref, brève *adj.* brief

brisure (de chocolat) *n.f.* (chocolate) chip

brosser (se) *v.* to brush one's ...

brouillon *n.m.* draft

bruit *n.m.* noise

brunir *v.* to turn brown

brusque *adj.* abrupt

bureau *n.m.* office

but *n.m.* goal

C

cadeau *n.m.* gift, present

cahier *n.m.* notebook

caillou *n.m.* pebble, stone

calculer *v.* to calculate

calèche *n.f.* horse drawn carriage

camarade *n.m., f.* friend, buddy; **camarade de classe** classmate

cambrioleur *n.m.* thief

campagne *n.f.* campaign, countryside

canard *n.m.* duck

canal *n.m.* channel

capter *v.* to catch

captiver *v.* to captivate

car *conj.* because, for

caractère *n.m.* character

carré(e) *adj.* square

carrière *n.f.* career

carte *n.f.* map

carte (tour de) *n.m.* card trick

cas *n.m.* case

casquette *n.f.* cap

casser *v.* to break

castor *n.m.* beaver

cause (à- de) *loc.* because, owing to

causer *v.* to cause, to chat

causerie *n.f.* talk, conversation

célèbre *adj.* famous

celui, celle *pron. dém.* this one

censeur *n.m.* censor

centre *n.m.* centre; **centre commercial** shopping centre

cependant *conj.* however

cercle *n.m.* circle

cerise *n.f.* cherry

certain *pron. indéf.* some, certain

c'est-à-dire *conj.* that is (to say)

chacun(e) *pron. indéf.* each one

chaîne *n.f.* chain

chair de poule *n.f.* goosebumps

chaise *n.f.* chair

chaloupe *n.f.* rowboat

chambre *n.f.* room; **chambre à coucher** bedroom

champ *n.m.* field

chance (bonne) *n.f.* good luck

chanceux, chanceuse *adj.* lucky

changement *n.m.* change

chanson *n.f.* song

chanter *v.* to sing

chapeau *n.m.* hat

chaque *adj.* each, every

chariot *n.m.* cart

chasse *n.f.* hunting

chasser *v.* to hunt

chat *n.m.* cat

château *n.m.* castle

chaussure *n.f.* shoe

chauve-souris *n.f.* bat

chef *n.m.* boss, head; **en chef** in-chief

chef-d'oeuvre *n.m.* masterpiece

chemin *n.m.* road

cheminée *n.f.* chimney

chemise *n.f.* shirt

cher, chère *adj.* dear, expensive

chercher *v.* to search, to seek, to look for

chercher à *v.* to try to

chercheur *n.m.* researcher

cheval *n.m.* horse (*pl.* **chevaux**)

cheveu *n.m.* hair; **cheveux** *n.m. pl.* hair

chez *prép.* at home, at so & so's; **chez moi**, at my home

chien *n.m.* dog

chimique *adj.* chemical

chimiste *n.m.* chemist

chocolat *n.m.* chocolate

choisir *v.* to choose

choix *n.m.* choice

chose *n.f.* thing; **grand-chose** (very) much

chronique *n.f.* chronicle

chuchoter *v.* to whisper

cinéma *n.m.* cinema, theatre

cinquantaine *n.f.* about fifty

circuler *v.* to circulate

cirque *n.m.* circus

citoyen *n.m.* **citoyenne** *n.f.* citizen

citrouille *n.f.* pumpkin

clair(e) *adj.* clear

clairement *adv.* clearly

classe *n.f.* class

clé, clef, *n.f.* key

client *n.m.* **cliente** *n.f.* client

climatisation *n.f.* conditioning

clin d'oeil *n.m.* wink

clip *n.m.* clip

cliquer *v.* to click

clonage *n.m.* cloning

clôture *n.f.* fence

cochon *n.m.* pig; **cochon d'Inde** guinea-pig

coéquipier *n.m.* teammate

coeur *n.m.* heart

coffre *n.m.* chest

coiffure *n.f.* hairstyle

coincé *adj.* stuck

coincer *v.* to wedge, to stick

cola *n.m.* cola, coke

colère (en) *n.f.* angry

collage *n.m.* pasting

collecte de fonds *n.f.* fund-raising

coller *v.* to stick, to glue

colonne *n.f.* column

combien *adv.* how many, how much

combiner *v.* to combine, to mix

comique *adj.* comical

commander *v.* to order, to command

comme *conj.* like, as

commencement *n.m.* beginning

commencer *v.* to begin, to start

comment *adv.* how

commentaire *n.m.* comment

commettre *v.* to commit

communauté *n.f.* community

compact (disque) *n.m.* CD

compléter *v.* to complete, to finish

comprendre *v.* to understand, to include

compte *n.m.* account; **compte rendu** *n.m.* account, report

compter *v.* to count

concierge *n.m., f.* caretaker

concours *n.m.* contest

conduire *v.* to drive

conférence de presse *n.f.* press conference

confiance *n.f.* trust

confiant(e) *adj.* confident

confier *v.* to confide

confiture *n.f.* jam

congeler *v.* to freeze

conjonction *n.f.* conjunction

connaissance *n.f.* knowledge; **faire la connaissance de** to meet

connaître *v.* to know

conscient(e) *adj.* conscious

conseiller *n.m.* **conseillère** *f.* adviser

conséquent (par) *loc.* therefore, consequently

considérer *v.* to consider

consister *v.* to consist

consommer *v.* to consume

constater *v.* to notice

construction *n.f.* building

construire *v.* to build

contenir *v.* to contain, to include

content(e) *adj.* content, glad

contenter (se) *v.* to content o.s. with something

contenu *n.m.* content

contexte *n.m.* context

contraire *adj.* opposite, contrary

contre *prép.* against

contrebasse *n.f.* bass

controverse *n.f.* controversy

convenir *v.* to fit, to be convenient

coordonnées *n.f. pl.* details that allow one to reach another

coquille *n.f.* shell

corbeille *n.m.* basket

cornichon *n.m.* pickle

corps *n.m.* body

correspondant(e) *adj.* corresponding

corriger *v.* to correct

côté *n.m.* side, edge

cou *n.m.* neck

couche *n.f.* coat, layer

coucher (se) *v.* to go to bed, to lie down

couleur *n.f.* color

coupable *adj.* guilty; **coupable** *n.m., f.* culprit

coup de fil *n.m.* phone call

coup de téléphone *n.m.* ring, buzz, phone call

couper *v.* to cut

cour *n.f.* yard; **cour de récréation** playground

courbe *n.f.* curb

courir *v.* to run

courriel *n.m.* e(lectronic)-mail

courrier *n.m.* mail

cours *n.m.* course, class

cours (au cours de) *loc.* during

course *n.f.* errand, race

court(e) *adj.* short

coussin *n.m.* cushion

coûter (cher) *v.* to cost (a lot)

couverture *n.f.* cover

couvrir *v.* to cover

crayon *n.m.* pencil

créatif, créative *adj.* creative

créer *v.* to create

crème glacée *n.f.* ice cream

cri *n.m.* scream, shout

crier *v.* to scream, to shout

croire *v.* to believe

croustille *n.f.* chip

cuillère *n.f.* spoon

cuire *v.* to cook

cuisine *n.f.* kitchen, cooking; **faire la cuisine** *v.* to cook

cultiver *v.* to cultivate

D

dans *prép.* in, into

danse à claquettes *n.f.* tap dancing

dauphin *n.m.* dolphin

débarquer *v.* to get off, to disembark

debout *adv.* standing (up)

début (au) *n.m.* (at the) beginning

déchaîné(e) *adj.* unbridled, wild

déchet *n.m.* waste, rubbish

déchiffrer *v.* to decipher, to decode

décoration *n.f.* decor

découper *v.* to cut out

découverte *n.f.* discovery

découvrir *v.* to discover

décrire *v.* to describe

début *n.m.* beginning

défendre (se) *v.* to defend oneself

défense (d'ivoire) *n.f.* ivory tusk

défi *n.m.* challenge

défilé (de mode) *n.m.* fashion show

déjà *adv.* already, yet

déjeuner *n.m.* lunch (France), breakfast (Canada)

dejeuner (petit) *n.m.* breakfast (France)

demain *adv.* tomorrow

demande *n.f.* demand, request

demander *v.* to ask

déménager *v.* to move

démodé(e) *adj.* old-fashioned

dent *n.f.* tooth

dépasser *v.* to go past, to overtake

dépenser *v.* to spend

déplacer (se) *v.* to move

dépliant *n.m.* folder

déprimé(e) *adj.* depressed

depuis *prép.* since, for

déranger *v.* to bother

dernier, dernière *adj.* last

derrière *prép.* behind

dérouler (se) *v.* to unfold

descendre *v.* to go down

désert *n.m.* desert

déshabiller (se) *v.* to undress

désigner *v.* to name, to designate

désirer *v.* to want

désolé (être) *v.* to be sorry

desséché(e) *adj.* dry

dessin *n.m.* drawing

dessinateur *n.m.* **dessinatrice** *n.f.* **...de mode** fashion designer

dessiner *v.* to draw

destin *n.m.* fate, destiny

destinataire *n.m., f.* addressee

détendre (se) *v.* to relax, to calm down

détruire *v.* to destroy, to destruct

deuxième *adj.* second

devant *prép.* in front

devenir *v.* to become

deviner *v.* to guess

devoir *n.m.* homework, duty

devoir *v.* to have to, must, to owe

diamant *n.m.* diamond

dictionnaire *n.m.* dictionary

difficile *adj.* difficult

diffuser *v.* to broadcast

digital(e) *adj.* of a finger

dilemme *n.m.* dilemma

diminutif *n.m.* nickname

dîner *v.* to dine, to have dinner

dire *v.* to say, to tell; **vouloir dire** to mean

direct (en) *n.m.* live

directeur *n.m.* **directrice** *n.f.* director

diriger (se) *v.* to direct, to go toward

discours *n.m.* speech, discourse

discuter *v.* to discuss

disparaître *v.* to disappear

disponible *adj.* available

distance *n.f.* distance

distinguer (se) *v.* to distinguish oneself

divers(e) *adj.* diverse, various

divertir *v.* to entertain

doigt *n.m.* finger

domaine *n.m.* domain, area

dompteur *n.m.* tamer, trainer

donc *conj.* therefore, so

donner *v.* to give; **donner envie** to make one want to; **donner la parole** to give the floor

dormir *v.* to sleep

dos *n.m.* back

dossier *n.m.* file

doucement *adv.* softly

doux, douce *adj.* soft

dressage *n.m.* taming, training

dresser *v.* to draw up (a list), to train (an animal)

dribbler *v.* to dribble

droit *n.m.* right, law

droite (à) *n.f.* (on the) right

durer *v.* to last

E

eau *n.f.* water

écaille *n.f.* scale

échanger *v.* to share, to exchange, to trade

échapper (s') *v.* to escape

échasse *n.f.* stilt

échec *n.m.* chess

échelle *n.f.* ladder

éclair *n.m.* flash of lightning

éclatant(e) *adj.* dazzling

économique *adj.* economic

école *n.f.* school

économiser *v.* to save

écouter *v.* to listen

écran *n.m.* screen

écrire *v.* to write

écriture *n.f.* handwriting

écrivain *n.m.* writer

effacer *v.* to erase

effet *n.m.* effect

efficace *adj.* effective

effrayant(e) *adj.* frightening

élaboré(e) *adj.* worked out

élaborer *v.* to develop

électricité *n.f.* electricity

élevage *n.m.* breeding

élève *n.m., f.* pupil, student

élevé(e) *adj.* high

élever *v.* to breed, to rear

embaucher *v.* to hire

embrasser *v.* to kiss

émission *n.f.* program

empêcher *v.* to prevent

emploi *n.m.* job, position

empoisonné(e) *adj.* poisoned

emporter *v.* to carry away

empreinte *n.f.* print

emprunter *v.* to borrow

enclos *n.m.* enclosure

encore *adv.* still

endormir (s') *v.* to fall asleep

endroit *n.m.* place, location

énergique *adj.* energetic

enfant *n.m., f.* child

enfermer *v.* to shut up, to lock up

enfin *adv.* finally, at last

engager *v.* to hire, to engage

ennemi *n.m.* enemy

ennui *n.m.* boredom

ennuyant(e) *adj.* boring

ennuyer (s') *v.* to get bored

ennuyeux, ennuyeuse *adj.* boring

énoncé *n.m.* statement

énorme *adj.* enormous

enquête *n.f.* inquiry, inquest, investigation

enregistrer *v.* to tape, to record

ensemble *adv.* together

ensuite *adv.* then, later

entendre *v.* to hear; **entendre dire que** to hear it said that

en-tête *n.m.* heading

entier, entière *adj.* whole

entourer *v.* to surround

entraîner (s') *v.* to train

entre *prép.* between

entreprendre *v.* to undertake

entreprise *n.f.* enterprise

entrer *v.* to come in, to enter

entrée *n.f.* entrance

entrevue *n.f.* interview

envahir *v.* to invade

envelopper *v.* to wrap

envie (avoir) *loc.* to feel like

envie (donner envie de) *v.* to make one feel like

environ *adv.* about, around

environnement *n.m.* environment

envoyer *v.* to send

épeurant(e) *adj.* frightening

épicé(e) *adj.* spicy

époque *n.f.* era, time

épouser *v.* to marry

équilibre *n.m.* balance

équilibré(e) *adj.* balanced

équipe *n.f.* team

erreur *n.f.* mistake, error

escalade *n.f.* climbing, scaling

espace *n.m.* space

espèce *n.f.* species

espérer *v.* to hope

esprit *n.m.* spirit

essai *n.m.* try, attempt

essayer *v.* to try

établir *v.* to establish

étagère *n.f.* shelf

étape *n.f.* stage, step

été *n.m.* summer

éteindre *v.* to turn off

étoile *n.f.* star

étonnant(e) *adj.* astonishing

étonner *v.* to astonish; **s'étonner** to be amazed, to wonder

étranger (à l') *n.m.* abroad

être *v.* to be; **être** *n.m.* being; **être à l'écoute** to be listening; **être en train de** to be in the process of; **être le clou** to be the highlight

étroit *adj.* narrow

étude *n.f.* study

étudiant(e) *n.m., f.* student

étudier *v.* to study

évaluer *v.* to evaluate, to assess

événement *n.m.* event

évident *adj.* obvious

éviter *v.* to avoid

exiger *v.* to require

explication *n.f.* explanation

expliquer *v.* to explain

exploiter *v.* to exploit

exportateur *n.m.* exporter

exposition *n.f.* exhibition

exprimer *v.* to express

Ⓕ

fabrique *n.f.* factory

fabriquer *v.* to make, to produce

fâché(e) *adj.* mad, angry

fâcher (se) *v.* to get angry

fâcheux, fâcheuse *adj.* deplorable, unfortunate

facile *adj.* easy

façon *n.f.* way

facteur *n.m.* postman

faible *adj.* weak, feeble

faiblesse *n.f.* weakness

faim *n.f.* hunger

faire *v.* to do, to make; **faire appel** to call on, to appeal; **faire attention à** to pay attention; **faire la cuisine** *v.* to cook; **faire la fête** to live it up; **faire mal à** to hurt, to harm; **faire partie de** to be part of; **faire plaisir** to please

fait (en) *n.m.* (in) fact

faits *n.m. pl.* facts

falloir *v.* to have to, to need, to be necessary

fameux, fameuse *adj.* famous

famille, *n.f.* family

fanion *n.m.* pennant

fanzine *n.m.* fan magazine

fascinant(e) *adj.* fascinating

fatiguer *v.* to tire

faute *n.f.* mistake, fault

faux, fausse *adj.* false, untrue

favori, favorite *adj.* favorite

femelle *adj.* female

féminin(e) *adj.* feminine

femme *n.f.* woman

ferme *n.f.* farm; **ferme** *adj.* firm

fermer *v.* to close, to turn off

fermier *n.m.* farmer

féroce *adj.* ferocious

feuille *n.f.* sheet

fichier *n.m.* data file, catalogue

fictif, fictive *adj.* fictitious

fier, fière *adj.* proud

figurer *v.* to appear, to figure

fil, au-de... *n.m.* as the... go by

fille *n.f.* girl

film *n.m.* film, movie

fin *n.f.* end; **fin de semaine** *n.f.* weekend

financier, financière *adj.* financial

finir *v.* to finish

flacon *n.m.* flask

fleur *n.f.* flower

fois *n.f.* time; **une fois**, once

foncé(e) *adj.* dark

foncer *v.* to charge

fond (au) *n.m.* finally, in the end

fonder *v.* to start, to found

fonds *n.m. pl.* funds

force *n.f.* strength

forces aériennes *n.f.* Air Force

forêt *n.f.* forest

formation *n.f.* training, education

former *v.* to form

formuler *v.* to formulate

fort(e) *adj.* strong, loud, hard

fosse *n.f.* pit

foule *n.f.* crowd

fournir *v.* to supply

foyer *n.m.* home

frais, fraîche *adj.* fresh

framboise *n.f.* raspberry

frein *n.m.* brake

frère *n.m.* brother

friandise *n.f.* delicacy

frigo *n.m.* fridge

frisson *n.m.* shiver

frites *n.f. pl.* fries

froid(e) *adj.* cold

fromage *n.m.* cheese

frontière *n.f.* border

fumé(e) *adj.* smoked

fureur *n.f.* furor

furieux, furieuse *adj.* furious

G

gagner *v.* to earn, to win, to gain

gant *n.m.* glove

garantir *v.* to guarantee

garçon *n.m.* boy

garde (d'enfants) *n.f.* babysitting

garder *v.* to keep

gardien *n.m.* **gardienne** *n.f.* keeper, guard

gars *n.m.* boy, lad

gaspillage *n.m.* waste

gaspiller *v.* to waste

gastronome *n.m.* gourmet

gâteau *n.m.* cake

gauche (à) *n.f.* (on the) left

gazeux, gazeuse *adj.* gaseous, fizzy

gelé(e) *adj.* frozen

gène *n.m.* gene

génie *n.m.* genius

genre *n.m.* type, sort

gens *n.m.* people

gentil, gentille *adj.* pleasant, nice

gigantesque *adj.* gigantic

glacial(e) *adj.* icy, freezing

gluant(e) *adj.* sticky

gorille *n.m.* gorilla

goût *n.m.* taste

gouvernement *n.m.* government

grâce à *loc.* thanks to

graine *n.f.* seed

grammaire *n.f.* grammar

grand(e) *adj.* big, tall, great

grandeur *n.f.* size

grandir *v.* to grow, to expand

grand-maman *n.f.* grandma

grand-mère *n.f.* grandmother

grand-père *n.m.* grandfather

graphique(s) *n.m., adj.* graphic(s)

gras, grasse *adj.* fat; **caractères gras** bold print

gratuit(e) *adj.* free

grave *adj.* grave, serious

gravure *n.f.* engraving

grenouille *n.f.* frog

griffe *n.f.* claw

grognement *n.m.* growl, grunt

gros, grosse *adj.* big

guitare *n.f.* guitar

H

habiller (s') *v.* to dress oneself

habitant *n.m.* inhabitant

habitation *n.f.* dwelling, house

habiter *v.* to live in, to occupy

habitude (d') *n.f.* usually

hanté(e) *adj.* haunted

hasard (par) *n.m.* by chance

hâte (avoir) *loc.* to look forward

haut(e) *adj.* high

haut (en) *adv.* above, at the top

haut(e) *adj.* high

héroïne *n.f.* heroin

hésiter *v.* to hesitate

heure *n.f.* hour, time

heureux, heureuse *adj.* happy

histoire *n.f.* story, history

hiver *n.m.* winter

homme *n.m.* man

honnête *adj.* honest

honneur *n.m.* honour

hôpital *n.m.* hospital

horaire *n.m.* schedule

humain(e) *adj.* human

hurler *v.* to howl

hypothèse *n.f.* hypothesis

I

icône *n.f.* icon

idée *n.f.* idea

identifier (s') *v.* to identify oneself

identique *adj.* identical

île *n.f.* island

imaginaire *adj.* imaginary

impliquer *v.* to involve

importer *v.* to matter; **n'importe où** anywhere; **n'importe qui** anybody

impression *n.f.* impression

impulsif, impulsive *adj.* impulsive

inattendu(e) *adj.* unexpected

inclure *v.* to include

inconnu(e) *adj.* unknown

inconvénient *n.m.* disadvantage

incroyable *adj.* incredible

indice *n.m.* sign, clue

indifférent(e) *adj.* indifferent

indiqué(e) *adj.* indicated

industriel, industrielle *adj.* industrial

informatique *n.f.* computer science

ingénieur *n.m.* engineer

injuste *adj.* unfair

inquiet, inquiète *adj.* worried

inquiéter (s') *v.* to worry

inscrire (s') *v.* to inscribe, to register

insecte *n.m.* insect

inséparable *adj.* inseparable

inspiration *n.f.* inspiration

inspirer (s') *v.* to draw one's inspiration from

installer (s') *v.* to settle down

instant *n.m.* moment

insubmersible *adj.* unsinkable

intelligent(e) *adj.* intelligent, smart

interdire *v.* to forbid

intéressant(e) *adj.* interesting

intéresser (s') à *v.* to be interested in

intérêt *n.m.* interest

interroger *v.* to interrogate, to question

interrompre *v.* to interrupt

intime *adj.* intimate

intituler *v.* to title

intrigue *n.f.* plot

intuitif, intuitive *adj.* intuitive

inventer *v.* to invent

inventeur *n.m.* inventor

invité *n.m.* guest

inviter *v.* to invite

irrégulier, irrégulière *adj.* irregular

isoler *v.* to isolate

ivoire *n.m.* ivory

J

jamais *adv.* ever, never

jambon *n.m.* ham

japonais(e) *adj.* Japanese

japper *v.* to bark

jardin *n.m.* garden

jardinage *n.m.* gardening

jeter *v.* to throw

jeu *n.m.* game

jeune *n.m.* youth, young person; *adj.* young

jeunesse *n.f.* youth

joie *n.f.* joy

joindre *v.* to join

joli(e) *adj.* pretty

jongler *v.* to juggle

jonglerie *n.f.* juggling

jongleur *n.m.* juggler

jouer *v.* to play

joueur *n.m.* player

jour *n.m.* day

journal *n.m.* newspaper

journaliste *n.m., f.* journalist

journée *n.f.* day

juger *v.* to judge

juin *n.m.* June

jumeau *n.m.* twin

jupe *n.f.* skirt

jurer *v.* to swear

jusqu'à *prép.* until, up to

juste *adj.* fair

justifier *v.* to justify

K

kidnapper *v.* to kidnap

kiosque *n.m.* booth

L

là-bas *adv.* over there

laboratoire *n.m.* lab(oratory)

labyrinthe *n.m.* maze

lac *n.m.* lake

laisse *n.f.* leash, lead

laisser *v.* to leave, to let

lait *n.m.* milk

laitue *n.f.* lettuce

lampe *n.f.* lamp

lampe de poche *n.f.* flashlight

lancement *n.m.* launch

lancer *v.* to send, to launch, to throw

langue *n.f.* language

lapin *n.m.* rabbit

laver (se) *v.* to wash one's ...

leçon *n.f.* lesson

lecture *n.f.* reading

légaliser *v.* to legalize

légume *n.m.* vegetable

lendemain *n.m.* day after

lent(e) *adj.* slow

lequel/laquelle *pron.* who, whom, which

lettre *n.f.* letter

leur(s) *pron. pers.* their

lever (se) *v.* to get up, to rise

lézard *n.m.* lizard

liaison *n.f.* liaison, connection

libérer *v.* to free, to liberate

liberté *n.f.* freedom

libre *adj.* free

librement *adv.* freely

lié(e) *adj.* tied

liens (mots) *n.m.* link-words

lieu (au) *loc.* instead

lieu *n.m.* place, spot

lieue *n.f.* league

lièvre *n.m.* hare

ligne *n.f.* line

limite *n.f.* limit

lire *v.* to read

liste *n.f.* list

lit *n.m.* bed

littérature *n.f.* literature

livre *n.m.* book

logiciel *n.m.* software

loi *n.f.* law

loin *adv.* far, a long way

loisir *n.m.* leisure

long, longue *adj.* long

longtemps *adv.* long, long time

loup *n.m.* wolf; **loup-garou** werewolf

lourd(e) *adj.* heavy

lumière *n.f.* light

lundi *n.m.* Monday

lune *n.f.* moon

lutter *v.* to fight

luxe *n.m.* luxury

M

magasin *n.m.* store

magie *n.f.* magic

magnétophone *n.m.* tape recorder

main *n.f.* hand

maintenant *adv.* now

maire *n.m.* mayor

mairie *n.f.* townhall, city hall

mais *conj.* but

maïs *n.m.* corn; **maïs soufflé** popcorn

maison *n.f.* house

maître *n.m.* master

majorité *n.f.* majority, most

mal *n.m.* evil; **maux** *pl.* evil, pain, wrong

malade *adj.* ill, sick

maladie *n.f.* disease

malgré *prép.* in spite of, despite

malheur *n.m.* misfortune

malheureux, malheureuse *adj.* unhappy

maltraiter *v.* to mistreat

mammifère *n.m.* mammal

manchette *n.f.* headline

manger *v.* to eat

manière *n.f.* manner, way

manifestant *n.m.* demonstrator

manifester *v.* to demonstrate

manque *n.m.* lack

manquer *v.* to miss, to be short of, to lack

manteau *n.m.* coat

maquiller (se) *v.* to put on one's make-up

maquilleur, maquilleuse *n.m., f.* make-up artist

marché *n.m.* market

marcher *v.* to walk

mariage *n.m.* wedding, marriage

marque *n.f.* brand, mark

marre (en avoir) *loc.* to be fed up

mars *n.m.* March

masculin(e) *adj.* masculine

masque *n.m.* mask

matin *n.m.* morning

mauvais(e) *adj.* bad

méchant(e) *adj.* nasty, wicked

médecin *n.m.* doctor, physician

média *n.m. pl.* media

médicament *n.m.* medication

meilleur(e) *adj.* better; **le meilleur, la meilleure** the best

mélange *n.m.* mix

mélodieux, mélodieuse *adj.* melodious

melon d'eau *n.m.* watermelon

membre *n.m.* member

même *adj.* same, even

mémoire *n.f.* memory

menacer *v.* to threaten

mener *v.* to conduct

mentionner *v.* to mention

menton *n.m.* chin

merci *n.m.* thank you

mériter *v.* to deserve, to merit

merveille *n.f.* wonder

message *n.m.* message

mesure *n.f.* measure

méthode *n.f.* method

métier *n.m.* job, occupation, trade

mettre *v.* to put, to place; **mettre à mort** to kill; **mettre au point** to bring into focus, to finalize; **mettre en terre** to put into the soil; **mettre fin à** to put an end to; **mettre les pieds** to set foot

meuble *n.m.* piece of furniture; **meubles** furniture

meurtrier, meurtrière *adj.* deadly, murderous

microbe *n.m.* germ, microbe

midi *n.m.* noon

mieux *adv.* better

milieu *n.m.* middle

militant *n.m.* activist

mille *adj.* thousand

miroir *n.m.* mirror

mode *n.f.* fashion

modèle *adj.* model

modeler *v.* to model

moi *pron. pers.* me; **moi-même** myself

moins (au) *adv.* at least

moins *adv.* less; **le moins** the least

mois *n.m.* month

moitié *n.f.* half, middle

moment (au) *n.m.* at the time

monarque *n.m.* monarch

monde *n.m.* world, people; **tout le monde** everybody

mondial *adj.* world-wide

monnaie *n.f.* money

monstre *n.m.* monster

monstrueux, monstrueuse *adj.* monstrous

montage *n.m.* assembly

montagne *n.f.* mountain

montant *n.m.* amount

monter *v.* to climb, to set up

montrer *v.* to show

morceau *n.m.* piece

mordre *v.* to bite

mort(e) *adj.* dead

mot (lien) *n.m.* (link) word; **mot de passe** password

moteur *n.m.* motor

mouchoir *n.m.* hankerchief

moulage *n.m.* molding

mouler *v.* to mold

mourir *v.* to die

mouton *n.m.* sheep

moyen, moyenne *adj.* average

moyen *n.m.* means, way

muet, muette *adj.* mute, silent

municipal(e) *adj.* municipal

mur *n.m.* wall

musée *n.m.* museum

musicien *n.m.*, **musicienne** *n.f.* musician

musique *n.f.* music

mystérieux, mystérieuse *adj.* mysterious

N

nager *v.* to swim

naissance *n.f.* birth

naître *v.* to be born

nappe *n.f.* layer

natation *n.f.* swimming

nature *n.f.* nature

naufrage *n.m.* wreck

navire *n.m.* ship

nécessaire *adj.* necessary

nécessiter *v.* to need

négatif, négative *adj.* negative

neige *n.f.* snow

nettoyage *n.m.* cleaning

nettoyer *v.* to clean

neuf, neuve *adj.* new

nez *n.m.* nose

noir(e) *adj.* black

Noël *n.m.* Christmas

nom *n.m.* name

nombre *n.m.* number

nommer *v.* to name

nord *n.m.* north

note *n.f.* mark

noter *v.* to write down

notre *adj. poss.* our

nourrir (se) *v.* to feed oneself

nourriture *n.f.* food

nouveau *adj.* new

nouvelles *n.f. pl.* news

nuit *n.f.* night

numéro *n.m.* number

O

objet *n.m.* object

obligeant(e) *adj.* obliging, helpful

observer *v.* to observe

océan *n.m.* ocean

oeil *n.m.* eye

oeuf *n.m.* egg

oeuvre *n.f.* work

offrir *v.* to offer

oiseau *n.m.* bird

or *n.m.* gold

ordinateur *n.m.* computer

ordre *n.m.* order

ordure *n.f.* dirt; **les ordures** rubbish, trash

oreiller *n.m.* pillow

oreille *n.f.* ear; **boucle d'oreille** earring

organiser *v.* to organize

orthographe *n.m.* spelling

où *adv.* where, when

oublier *v.* to forget

ourson *n.m.* bear cub

ouverture *n.f.* opening

ouvrir *v.* to open

P

pain *n.m.* bread

paisible *adj.* peaceful

paix *n.f.* peace

palais de justice *n.m.* Law Courts

panique (pris de) *loc.* panic-stricken

papier *n.m.* paper

papillon *n.m.* butterfly

paquebot *n.m.* liner, ship

paquet *n.m.* package

par *prép.* by; **par contre**, however

par monts et par vaux *loc.* up hill and down dale, everywhere parc *n.m.* park

parce que *conj.* because

parfois *adv.* sometimes

paragraphe *n.m.* paragraph

paraître *v.* to appear

parler *v.* to speak, to talk

parole *n.f.* word

participer *v.* to participate, to take part

partenaire *n.m., f.* partner

partie *n.f.* part

partiel, partielle *adj.* partial; temps partiel part-time

partir *v.* to leave; à partir de from

partout *adv.* everywhere

pas *n.m.* step

passé *n.m.* past

passer *v.* to pass, to spend; se passer to happen

passe-temps *n.m.* pastime

passionnant(e) *adj.* fascinating

passioner *v.* to fascinate; se passioner pour *v.* to be fascinated by

pâte *n.f.* paste, dough

pâtisserie *n.f.* baked goods

patient(e) *adj.* patient

patron *n.m.* boss

patte *n.f.* leg, paw

pauvre *adj.* poor

pays *n.m.* country

peau *n.f.* skin

pédale *n.f.* pedal

peigner (se) *v.* to comb one's hair

peindre *v.* to paint

peintre *n.m.* painter

peinture *n.f.* painting

pelle *n.f.* shovel

pelouse *n.f.* lawn

pendant *adv.* during, while

pendule *n.f.* clock

pénétrer *v.* to penetrate

penser *v.* to think

pépin *n.m.* seed

perdre *v.* to lose; perdre conscience *v.* to faint

permettre *v.* to permit

permission *n.f.* permission

perroquet *n.m.* parrot

perruche *n.f.* budgie, female parrot

personnage *n.m.* character

personnalité *n.f.* personality

personne *n.f.* person,

personne *pron.* no one, nobody

persuader *v.* to persuade, to convince

petit(e) *adj.* small

peu *adv.* little, not much, few; à peu près around; peu après soon after

peur *n.f.* fear

peureux, peureuse *adj.* fearful, timorous

peut-être *adv.* perhaps, maybe

plastique *adj.* plastic

photo *n.f.* picture

phrase *n.f.* sentence

physiquement *adv.* physically

pied *n.m.* foot; à pied, on foot

pierre *n.f.* stone

pile *n.f.* battery

piquant(e) *adj.* hot, spicy

pique-nique *n.m.* picnic

pire *adj.* worse

pirouette *n.f.* about-turn

piscine *n.f.* pool

piste *n.f.* trail

plage *n.f.* beach

planète *n.f.* planet

plaire *v.* to please

plaisir *n.m.* pleasure

planche *n.f.* board

planète *n.f.* planet

plante *n.f.* plant

plat *n.m.* dish

plâtre *n.m.* plaster

plein(e) *adj.* full

pluie *n.f.* rain

plupart *n.f.* most

pluriel (au) *adj.* (in the) plural

plus *adv.* more; de plus moreover; en plus what's more

plus tard *adv.* later

plastique *adj.* plastic

poil *n.m.* hair

point fort *n.m.* strong point

poisson *n.m.* fish

polaire *adj.* polar

pollen *n.m.* pollen

pomme *n.f.* apple

populaire *adj.* popular

porte *n.f.* door

porter *v.* to carry; porter sur to be on, to revolve around

poser *v.* to ask, to pose; poser le problème to formulate the problem

posséder *v.* to possess

possibilité *n.f.* possibility

possible (faire son) *loc.* to do one's best

poste *n.f.* mail

potager, potagère *adj.* vegetable

poterie *n.f.* pottery

poubelle *n.f.* trash/garbage can

poulet *n.m.* chicken

pourquoi *adv.* why

poursuivre *v.* to pursue

pousser *v.* to grow, to push

pouvoir *v.* to be able to, can

pratique *adj.* practical

précédent(e) *adj.* previous

précis(e) *adj.* precise

préciser *v.* to specify, to make clear

prédateur *n.m.* predator

prédiction *n.f.* prediction

préféré(e) *adj.* favorite

premier, première *adj.* first

prendre *v.* to take

prendre naissance *v.* to start, to begin

prénom *n.m.* first name

préparatif *n.m.* preparation

préparer *v.* to prepare

près *adv.* close, near

présent *n.m.* present

présent (à) *adv.* presently

présenter *v.* to present

presque *adv.* almost

preuve *n.f.* proof

préventif, préventive *adj.* preventive

prince *n.m.* prince

principal(e) *adj.* main

principe *n.m.* principle

privé(e) *adj.* private

prix *n.m.* price, prize

problème *n.m.* problem

procéder *v.* to proceed

prochain(e) *adj.* next

prochaine (à la) *adj.* be seeing you

proclamer *v.* to proclaim

producteur *n.m.*, productrice *n.f.* producer

produire (se) *v.* to take place, to happen

produit *n.m.* product

projet *n.m.* project

promener (se) *v.* to walk around

pronon *n.m.* pronoun

propager (se) *v.* to spread

propre *adj.* own, proper

propriétaire *n.m., f.* owner

protéger *v.* to protect

prouver *v.* to prove

provision *n.f.* provision

provoquer *v.* to provoke

prudent(e) *adj.* cautious

public *n.m.* public

publicitaire (annonce) *adj.* advertisement

publier *v.* to publish

puis *adv.* then, so

puisque *adv.* since

punir *v.* to punish

pyrale *n.f.* pyralis

Q

qualité *n.f.* quality

quand *adv.* when

quantité *n.f.* quantity

quartier *n.m.* district, area

que *conj.* that

quel, quelle, quels, quelles *adj.* what, which

quelque *adj. indéf.* some

quelqu'un *pron. indéf.* someone

qui *pron.* who

quitter *v.* to leave

quoi *pron.* what

quotidien, quotidienne *adj.* daily

queue *n.f.* tail

R

raconter *v.* to tell

radical *n.m.* root

rage *n.f.* rabies

raison *n.f.* reason

raisonnable *adj.* reasonable

ramasser *v.* to pick up

ramper *v.* to crawl

rançon *n.f.* ransom

randonnée *n.f.* ride

ranger *v.* to tidy up

rapide *adj.* quick, fast

rappeler (se) *v.* to recall, to remember

rappeur *n.m.* rapper

rapport *n.m.* report

rapporter *v.* to bring back

rassembler (se) *v.* to put together

raton-laveur *n.m.* racoon

réaction *n.f.* reaction

réagir *v.* to react

réalisateur *n.m.* producer

réalité *n.f.* reality

recette *n.f.* recipe

recevoir *v.* to receive, to get

réchauffement *n.m.* warming

recherche *n.f.* research, search

récolter *v.* to collect, to harvest

récolter des fonds to fund raise

recommencer *v.* to begin again

recopier *v.* to recopy

recouvrir *v.* to cover

recréer *v.* to recreate

récrire *v.* to rewrite

recueillir *v.* to gather, to collect

rédacteur en chef *n.m.* chief editor

rédaction (de) *n.f.* editorial

redescendre *v.* to go back down

rédiger *v.* to compose, to write

réduire *v.* to reduce

référer (se) *v.* to refer oneself

réfléchi(e) *adj.* reflexive

réfléchir *v.* to think, to reflect

refléter *v.* to reflect

refuge *n.m.* refuge

regarder (se) *v.* to look at (oneself)

région *n.f.* region

régisseur *n.m.* stage manager

règle *n.f.* rule

régulier, régulière *adj.* regular

rejoindre *v.* to join

relief (en) *n.m.* in relief, raised

relier *v.* to join or link together

relire *v.* reread

remarquer *v.* to notice

remettre *v.* to give back

remplacer *v.* to replace

remplir *v.* to fill

remue-méninges *n.m.* brainstorming

renard *n.m.* fox

rencontre *n.f.* meeting

rencontrer *v.* to meet

rendre *v.* to make; **se rendre** to go; **se rendre compte de** to realize

renseignement *n.m.* information

renseigner *v.* to inform

rentrer *v.* to come back, to come in

repas *n.m.* meal

répondre *v.* to answer, to respond

réponse *n.f.* answer

reportage *n.m.* report

reporter *n.m.* reporter

reposer (se) *v.* to rest

reprendre *v.* to recapture, to take back

représenter *v.* to represent

reptile *n.m.* reptile

requin *n.m.* shark

réseau *n.m.* network

réserve *n.f.* reserve

résistant *adj.* resistent

résister *v.* to resist

résoudre *v.* to resolve

responsable *adj.* responsible

ressemblance *n.f.* similarity

ressembler *v.* to resemble, to look like

ressource *n.f.* resource

rester *v.* to stay, to remain; **rester en place** to stay put

résultat *n.m.* result

retour (de) *n.m.* back from

retourner *v.* to go back

retrouver *v.* to find

réussir *v.* to succeed

réutiliser *v.* to reuse

rêve *n.m.* dream

rêver *v.* to dream

réveiller (se) *v.* to wake up

réveler *v.* to reveal

réveille-matin *n.m.* alarm clock

revenir *v.* to come back

réviser *v.* to revise, to review

revoir (au) *n.m.* goodbye

revoir *v.* to see again

rhubarbe *n.f.* rhubarb

riche *adj.* rich

rien *pron. indéf.* nothing

rire *v.* to laugh

rire aux éclats *v.* to roar with laughter

risque *n.m.* risk

riz *n.m.* rice

robe *n.f.* dress

robotisé(e) *adj.* robotized

rocher *n.m.* rock

roi *n.m.* king

rôle *n.m.* role, part

roman *n.m.* novel

rond(e) *adj.* round

roue *n.f.* wheel

roulette *n.f.* small wheel

route (en) *n.f.* on the way

rue *n.f.* street

rusé(e) *adj.* sly

S

sac *n.m.* bag; **sac à dos** rucksack, knapsack

sacrifice *n.m.* sacrifice

sagement *v.* quietly, wisely

sain(e) *adj.* healthy

saisir *v.* to sease, to grab

sale *adj.* dirty

salle *n.f.* room; **salle de bain** bathroom

salon *n.m.* lounge, living room

saluer *v.* to salute

salut *n.m.* see you, bye

sans *prép.* without

santé *n.f.* health

sauf *prép.* except

saumon *n.m.* salmon

saut *n.m.* jump

sauvage *adj.* wild

sauvegarde *n.f.* backup

sauver *v.* to save, to rescue; **se sauver** to escape, to flee

savant *n.m.* scientist, scholar

savoir *v.* to know

scène *n.f.* scene

scientifique *n.m., f.* scientist *adj.* scientific

sculpter *v.* to sculpt

sec, sèche *adj.* dry

sécher *v.* to dry

secondaire *adj.* secondary

secours *n.m.* help; **au secours!** help!

sécurité *n.f.* security

selon *prép.* according to

semaine *n.f.* week

sembler *v.* to seem, to appear

semer *v.* to sow

sensible *adj.* sensitive

sens *n.m.* meaning

série *n.f.* series

sérieux, sérieuse *adj.* serious; **au sérieux** seriously

serre *n.f.* greenhouse

serrure *n.f.* lock

service de publicité *n.m.* publicity department

servir (se) *v.* to use

seul(e) *adj.* only

seulement *adv.* only

si *conj.* if

siècle *n.m.* century

siège *n.m.* seat

signe *n.m.* sign

signer *v.* to sign

signification *n.f.* significance

silencieux, silencieuse *adj.* silent

similarité *n.f.* similarity

singe *n.m.* monkey

sinon *conj.* except, or else

site *n.m.* site, location

situer *v.* to situate

soeur *n.f.* sister

soigner *v.* to treat (a sick person, animal), to take care of

soir *n.m.* evening, night

soirée *n.f.* evening

soja *n.m.* soya

sol *n.m.* soil, ground

soleil *n.m.* sun

sommaire *n.m.* summary

sommet *n.m.* top, summit

son *n.m.* sound

sonore *adj.* sound

sorcière *n.f.* witch

sort *n.m.* lot, fate

sorte *n.f.* kind, type

sortie *n.f.* outing

sortir *v.* to get out, to go out

souffle *n.m.* breath

souffrir *v.* to suffer

soulier *n.m.* shoe

souligner *v.* to underline

soumettre *v.* to submit

soupe *n.f.* soup

souris *n.f.* mouse

sous *prép.* under; **sous-marin** *n.m.* submarine

souterrain(e) *adj.* underground

souvent *adv.* often

spécial(e) *adj.* special

spécifique *adj.* specific

spectacle *n.m.* spectacle, show

spectaculaire *adj.* spectacular

spontané(e) *adj.* spontaneous

sportif, sportive *adj.* athletic

squelette *n.m.* skeleton

stationnement *n.m.* parking

stimulant(e) *adj.* stimulating

stressant(e) *adj.* stressful

strictement *adv.* strictly

structure *n.f.* structure

studio *n.m.* studio

stupéfait(e) *adj.* stunned, astounded

stupéfier *v.* to stupefy

substitut *n.m.* substitute

succès (avec) *loc.* successfully

suffisant *adj.* sufficient

suggérer *v.* to suggest

suivant(e) *adj.* next, following

suivre *v.* to follow; **à suivre** to continue

sujet *n.m.* subject

sujet (au-de) *n.m.* about, concerning

supermarché *n.m.* supermarket

supplémentaire *adj.* additional, extra

supposer *v.* to suppose

surdité *n.f.* deafness

sûr(e) *adj.* sure, certain

surprendre *v.* to surprise

sursauter *v.* to jump, to give a start

surtout *adv.* above all

surveiller *v.* to watch

survenir *v.* to take place

survivre *v.* survive

symbole *n.m.* symbol

sympathie *n.f.* sympathy

sympathique *adj.* nice, friendly

T

tableau *n.m.* chart, table

tâche *n.f.* task

tambour *n.m.* drum, drummer

tandis que *conj.* while, whereas

tard *adv.* late

tarentule *n.f.* tarantula

tarif *n.m.* rate

tarte *n.f.* pie

tasse *n.f.* cup

tatouage *n.m.* tattooing

tatoueur *n.m.* tattooer

taureau *n.m.* bull

technicien *n.m.* technician

technique *adj.* technical

technologie *n.f.* technology

télécommande *n.f.* remote control

téléjournaliste *n.m., f.* telejournalist

témoin *n.m.* witness

tempomobile *n.m.* time machine

temps *n.m.* time, temperature; **de temps en temps** from time to time

temps partiel *n.m.* part-time

tenir *v.* to hold, to keep; **tenir l'affiche** to run; **se tenir debout** to stand

terme *n.m.* term

terminaison *n.f.* ending

terminer (se) *v.* to end, to finish

terrain *n.m.* field

terre *n.f.* earth, ground; **par terre** on the floor

terreur *n.f.* terror

terrifiant(e) *adj.* terrifying

tête *n.f.* head

texte *n.m.* text

théâtre *n.m.* theatre

thérapeute *n.m., f.* therapist

timbre *n.m.* stamp

tirer *v.* to draw, to pull

tiroir *n.m.* drawer

tissu *n.m.* fabric

toi *pron. pers.* you

tomber *v.* to fall

tondeuse *n.f.* (lawn) mower

tondre *v.* to mow (the lawn)

tonne *n.f.* ton

tortue *n.f.* turtle

tôt *adv.* early

toucher *v.* to touch

toujours *adv.* always

tour *n.m.* turn, trick

tous *pron.* all

tourner un film *v.* to shoot a film

tout *adj.* all; **après tout** after all; **tout à coup** *loc.* suddenly, all at once; **tout de suite** *loc.* straight-away, at once

tragédie *n.f.* tragedy

trait *n.m.* trait

traitement *n.m.* treatment, processing

traiter *v.* to treat, to process

tranche *n.f.* slice

tranquille *adj.* peace; **laisser tranquille** to leave in peace

transférer *v.* to transfer

transformer (se) *v.* to transform (oneself)

transmettre *v.* to transmit

travail *n.m.* job, position, work

travaux *n.m. pl.* pieces of work

travailler *v.* to work

travailleur *n.m.* **travailleuse** *n.f.* worker; *adj.* hard-working

travers (à) *loc.* through

traverser *v.* to cross

très *adv.* very

trésor *n.m.* treasure

triste *adj.* sad

tristesse *n.f.* sadness

trompe *n.f.* (animal) trunk

tromper *v.* to deceive, to fool

trompeur *n.m.* deceiver

trop *adv.* too much

trou *n.m.* hole

troupeau *n.m.* flock, herd

trousse de publicité *n.f.* publicity kit

trouver *v.* to find; **se trouver** to be located

tuer *v.* to kill

type *n.m.* fellow, chap

typique *adj.* typical

U

unité *n.f.* unit

utile *adj.* useful

utiliser *v.* to use, to utilize

urgence *n.f.* emergency

V

vacances *n.f. pl.* vacation

vaccin *n.m.* vaccination

vache *n.f.* cow

vachement *adv.* very

vain (en) *loc.* in vain

vaisseau spatial *n.m.* spaceship

vaisselle *n.f.* dishes

valoir *v.* to be worth

vaniteux, vaniteuse *adj.* vain

variété *n.f.* variety

vaste *adj.* vast, large

vedette *n.f.* star

vélo *n.m.* bicycle

vendre *v.* to sell

vengeance *n.f.* revenge

venir *v.* to come

venir de *loc.* to have just

verbe *n.m.* verb

vérifier *v.* to verify, to check

véritable *adj.* real

vers *prép.* toward, around; **vers** *n.m.* verse

verser *v.* to pay

vêtement *n.m.* garment, item of clothing

vétérinaire *n.m., f.* veterinary

viande *n.f.* meat

vie *n.f.* life

vieux, vieil, vieille *adj.* old

vif, vive *adj.* sharp, brilliant

ville *n.f.* city, town

vin *n.m.* wine

visage *n.m.* face

visiter *v.* to visit

visiteur *n.m.* visitor

visuel, visuelle *adj.* visual

vite *adj.* quickly, fast

vitesse (en) *n.f.* quickly

vivant(e) *adj.* alive

vivre *v.* to live

vocabulaire *n.m.* vocabulary

voici *prép.* here is, this is

voilà *prép.* there is, that is

voie *n.f.* way, route; **en voie d'extinction** endangered

voir *v.* to see; **voir le jour** to be born

voisin *n.m.* neighbour

voiture *n.f.* car

voix *n.f.* voice

vol *n.m.* robbery

volcan *n.m.* volcano

volée *n.f.* swarm

voler *v.* to steal, to fly

voleur *n.m.* thief

volontaire *n.m.* volunteer

vouloir *v.* to want, to wish

voyage *n.m.* trip

vrai(e) *adj.* true

vraiment *adj.* really

vue (point de) *n.f.* viewpoint

Y

yaourt *n.m.* yoghurt

Z

adj.	adjectif	*loc.*	locution	*pl.*	pluriel	*pron.*	pronom
adv.	adverbe	*n.m.*	nom masculin	*inv.*	invariable	*v.*	verbe
conj.	conjonction	*n.f.*	nom féminin	*prép.*	préposition		

Lexique anglais – français

A

aboard *adv.* à bord

about *adv.* environ, au sujet de; **about-turn** pirouette (*n.f.*)

above *adv.* en haut; **above all** surtout

abroad *adv.* à l'étranger

abrupt *adj.* brusque

according (to) *adv.* d'après, selon

account *n.* compte (*n.m.*), compte-rendu (*n.m.*), rapport (*n.m.*)

activist *n.* militant (*n.m.*)

actor *n.* acteur (*n.m.*), actrice (*n.f.*)

add *v.* ajouter, additionner

additional *adj.* supplémentaire

address *v.* adresser

addressee *n.* destinataire (*n.m.*, *f.*)

adjective *n.* adjectif (*n.m.*)

admit *v.* admettre

advance *n.* avance (*n.f.*)

adventure *n.* aventure (*n.f.*)

adventurous *adj.* aventureux, aventureuse

advertisement *n.* annonce publicitaire (*n.f.*)

adviser *n.* conseiller (*n.m.*), conseillère (*n.f.*)

after *prep.* après; **after all** après tout

against *prep.* contre

airplane *n.* avion (*n.m.*)

afternoon *n.* après-midi (*n.m.*)

agree *v.* s'accorder

agreement (in) *loc.* d'accord

Air Force *n.* forces aériennes (*n.f. pl.*)

alarm clock *n.* réveille-matin (*n.m.*)

alive *adj.* vivant(e)

all *pron.* tout, tous; **after all** après tout; **all at once** tout à coup; **at once** tout de suite

almost *adv.* presque

alpine *adj.* alpin(e)

already *adv.* déjà

also *adv.* aussi

always *adv.* toujours

amount *n.* montant (*n.m.*)

analysis *n.* analyse (*n.f.*)

ancestor *n.* ancêtre (*n.m.*, *f.*)

ancient *adj.* antique

angry *adj.* en colère, fâché(e); **get angry** *v.* se fâcher

animate *v.* animer

animator *n.* animateur (*n.m.*), animatrice (*n.f.*)

answer *n.* réponse (*n.f.*); *v.* répondre

anybody *pron.* n'importe qui

anywhere *adv.* n'importe où

appeal *v.* faire appel

appear *v.* apparaître, figurer, paraître, sembler

appetite *n.* appétit (*n.m.*)

applaud *v.* applaudir

apple *n.* pomme (*n.f.*)

apply *v.* appliquer

appropriate *adj.* approprié(e)

Arabic *adj.* arabe

area *n.* aire (*n.f.*), quartier (*n.m.*)

arm *n.* bras (*n.m.*)

army *n.* armée (*n.f.*)

around *adv.* environ, à peu près, vers

arrival *n.* arrivée (*n.f.*)

arrive *v.* arriver

ask *v.* demander, poser

assembly *n.* montage (*n.m.*)

associate *v.* associer

as *conj.* comme, alors que; **as well** *adv.* aussi

astonish *v.* étonner

astonishing *adj.* étonnant(e)

astounded *adj.* stupéfait(e)

attack *v.* attaquer

attend *v.* assister à

attention, to pay attention to *loc.* faire attention à

attract *v.* attirer

audience *n.* auditoire (*n.f.*)

autorization *n.* autorisation (*n.f.*)

autorize *v.* autoriser

autumn *n.* automne (*n.m.*)

available *adj.* disponible

average *adj.* moyen, moyenne

avoid *v.* éviter

B

baby *n.* bébé (*n.m.*)

babysitting *n.* garde d'enfants (*n.f.*)

back *n.* dos (*n.m.*); **back from** de retour de

backup *n.* sauvegarde (*n.f.*)

backyard *n.* arrière-cour (*n.f.*)

bad *adj.* mauvais(e)

bag *n.* sac (*n.m.*)

baked goods *n.* pâtisserie (*n.f.*)

balance *n.* équilibre (*n.m.*)

balanced *adj.* équilibré(e)

ball *n.* ballon (*n.m.*), balle (*n.f.*)

banana *n.* banane (*n.f.*)

bank *n.* banque (*n.f.*)

banker *n.* banquier (*n.m.*), banquière (*n.f.*)

banking *adj.* bancaire

bannish *v.* bannir

bark *v.* aboyer, japper

base on *v.* baser sur

basket *n.* corbeille (*n.f.*)

bass *n.* contrebasse (*n.f.*)

bat *n.* chauve-souris (*n.f.*)

bathe *v.* se baigner

bathroom *n.* salle de bain (*n.f.*)

bathtub *n.* baignoire (*n.f.*)

battery *n.* pile (*n.f.*)

battle *n.* bataille (*n.f.*)

be *v.* être; **to be able to** pouvoir; **to be afraid** avoir peur; **to be amazed** s'étonner; **to be about** porter sur

beach *n.* plage (*n.f.*)

bear cub *n.* ourson (*n.m.*)

beautiful *adj.* beau, belle

beaver *n.* castor (*n.m.*)

because *conj.* parce que, à cause de

become *v.* devenir

bedroom *n.* chambre à coucher (*n.f.*)

beer *n.* bière (*n.f.*)

before *adv.* avant

begin *v.* commencer, prendre naissance; **to begin again** recommencer

beginning *n.* commencement (*n.m.*), début (*n.m.*)

behind *adv.* derrière

being *n.* être (*n.m.*)

believe *v.* croire

belong *v.* appartenir à

benefit *v.* bénéficier

besides *adv.* d'ailleurs

best *adj.* meilleur(e), *adv.* mieux; **to do one's best** faire son possible

better *adv.* mieux; *adj.* meilleur(e)

between *prep.* entre

beverage *n.* boisson (*n.f.*)

bicycle *n.* vélo (*n.m.*)

big *adj.* gros, grosse, grand(e)

bill *n.* facture (*n.f.*), billet (*n.m.*)

bird *n.* oiseau (*n.m.*)

birth *n.* naissance (*n.f.*)

biscuit *n.* galette (*n.f.*)

bit *n.* bout (*n.m.*)

bite *v.* mordre

black *adj.* noir(e)

blue *adj.* bleu(e)

board *n.* planche (*n.f.*)

boat *n.* bateau (*n.m.*)

body *n.* corps (*n.m.*)

bold (character) *n.* caractère gras (*n.m.*)

bomb *n.* bombe (*n.f.*)

booth *n.* kiosque (*n.m.*)

border *n.* frontière (*n.f.*)

bored, to get bored *v.* s'ennuyer

boredom *n.* ennui (*n.m.*)

boring *adj.* ennuyant(e), ennuyeux, ennuyeuse

born, to be born *v.* naître, voir le jour

borrow *v.* emprunter

boss *n.* chef (*n.m.*), patron (*n.m.*)

bother *v.* déranger

bottle *n.* flacon (*n.m.*), bouteille (*n.f.*)

bottom, at the bottom *n.* en bas

bowl *n.* bol (*n.m.*)

box *n.* boîte (*n.f.*)

boy *n.* garçon (*n.m.*), gars (*n.m.*)

brainstorming *n.* remue-méninges (*n.m.*)

brake *n.* frein (*n.m.*)

brand *n.* marque (*n.f.*)

bread *n.* pain (*n.m.*)

break *v.* (se) casser

breakfast *n.* petit déjeuner (*n.m.*)

breath *n.* souffle (*n.m.*)

breed *v.* élever

breeding *n.* élevage (*n.m.*)

brief *adj.* bref, brève

brilliant *adj.* vif, vive

bring *v.* apporter, amener; **to bring back** rapporter; **to bring into focus** mettre au point

broadcast *v.* diffuser

brother *n.* frère (*n.m.*)

brush, to brush one's teeth *v.* se brosser les dents, **to brush one's hair** *v.* se brosser les cheveux

buddy *n.* camarade (*n.m.*, *f.*)

budgie *n.* perruche (*n.f.*)

buffalo *n.* bison (*n.m.*)

build *v.* construire

building *n.* bâtiment (*n.m.*), construction (*n.f.*)

bull *n.* taureau (*n.m.*)

business *n.* affaire (*n.f.*)

butterfly *n.* papillon (*n.m.*)

button *n.* bouton (*n.m.*)

buzz *n.* coup de téléphone (*n.m.*)

buy *v.* acheter

by *prep.* par

C

cake *n.* gâteau (*n.m.*)

calculate *v.* calculer

call *n.* appel (*n.m.*); *v.* appeler; **to be called** s'appeler; **to call on** faire appel à

calm, to calm down *v.* (se) détendre, (se) calmer

camera *n.* appareil-photo (*n.m.*)

campaign *n.* campagne (*n.f.*)

can *v.* pouvoir *n.* boîte (*n.f.*) canette (*n.f.*)

candy *n.* bonbon (*n.m.*)

cap *n.* casquette (*n.f.*)

captivate *v.* captiver

car *n.* voiture (*n.f.*)

card trick *n.* tour de carte (*n.m.*)

career *n.* carrière (*n.f.*)

caretaker *n.* concierge (*n.m.*, *f.*)

carry (away) *v.* emporter, porter

cart *n.* chariot (*n.m.*)

case *n.* cas (*n.m.*)

castle *n.* château (*n.m.*)

cat *n.* chat (*n.m.*), chatte (*n.f.*)

catalogue *n.* fichier (*n.m.*)

catch *v.* capter, attraper

cautious *adj.* prudent(e)

CD *n.* disque compact (*n.m.*)

censor *n.* censeur (*n.m.*)

centre *n.* centre (*n.m.*); **shopping centre** centre commercial (*n.m.*)

century *n.* siècle (*n.m.*)

certain *adj.* sûr(e), certain(e)

chain *n.* chaîne (*n.f.*)

chair *n.* chaise (*n.f.*)

challenge *n.* défi (*n.m.*)

chance chance (*n.f.*); **by chance** *n.* par hasard

change *n.* changement (*n.m.*)

channel *n.* canal (*n.m.*)

chap *n.* type (*n.m.*)

character *n.* caractère (*n.m.*), personnage (*n.m.*)

chart *n.* tableau (*n.m.*)

chat *v.* causer

check *v.* vérifier

cheese *n.* fromage (*n.m.*)

chemical *adj.* chimique

chemist *n.* chimiste (*n.m.*, *f.*)

cherry *n.* cerise (*n.f.*)

chess *n.* échecs (*n.m. pl.*)

chest *n.* coffre (*n.m.*)

chicken *n.* poulet (*n.m.*)

chief (in) *n.* en chef

child *n.* enfant (*n.m., f.*)

chimney *n.* cheminée (*n.f.*)

chip (chocolate) *n.* brisure (de chocolat) (*n.f.*)

chocolate *n.* chocolat (*n.m.*)

choice *n.* choix (*n.m.*)

chose *v.* choisir

Christmas *n.* Noël (*n.m.*)

chronicle *n.* chronique (*n.f.*)

circle *n.* cercle (*n.m.*)

circulate *v.* circuler

circus *n.* cirque (*n.m.*)

citizen *n.* citoyen (*n.m.*), citoyenne (*n.f.*)

city *n.* ville (*n.f.*); **of the city** municipal

classmate *n.* camarade de classe (*n.m., f.*)

claw *n.* griffe (*n.f.*)

cleaning *n.* nettoyage (*n.m.*)

clear *adj.* clair(e)

clearly *adv.* clairement

click *v.* cliquer

climb *v.* monter

climbing *n.* escalade (*n.f.*)

clock *n.* pendule (*n.f.*)

cloning *n.* clonage (*n.m.*)

close *adv.* près de

clothing (item of) *n.* vêtement (*n.m.*)

clue *n.* indice (*n.m.*)

coke *n.* cola (*n.m.*)

cold *adj.* froid(e)

collect *v.* recueillir

colour *n.* couleur (*n.f.*)

column *n.* colonne (*n.f.*)

comb, to comb one's hair *v.* se peigner

come *v.* venir; **to come to a stop** *v.* s'arrêter; **to come in** entrer; **to come back** rentrer, revenir

comical *adj.* comique

comic strip *n.* bande dessinée (*n.f.*)

comment *n.* commentaire (*n.m.*)

community *n.* communauté (*n.f.*)

complete *v.* compléter

compose *v.* rédiger

computer *n.* ordinateur (*n.m.*); **computer science** *n.* informatique (*n.f.*)

concerning *prép.* au sujet de

conditioning *n.* climatisation (*n.f.*)

confide *v.* confier

confident *adj.* confiant(e)

connect *v.* se brancher

conscious *adj.* conscient(e)

consider *v.* considérer

consist *v.* consister

consume *v.* consommer

contain *v.* contenir

content o.s. with something *v.* se contenter de

contest *n.* concours (*n.m.*)

context *n.* contexte (*n.m.*)

continue *v.* continuer; **to be continued** *loc.* à suivre

contrary *adj.* contraire

controversy *n.* controverse (*n.f.*)

convenient, to be convenient *v.* convenir

conversation *n.* causerie (*n.f.*)

convince *v.* persuader

cook *v.* cuisiner, faire la cuisine

cookie *n.* biscuit (*n.m.*)

correct *v.* corriger

corresponding *adj.* correspondant(e)

cost *v.* coûter; **to cost a lot** coûter cher; *n.* coût (*n.m.*)

count *v.* compter

country *n.* pays (*n.m.*)

cover *v.* couvrir, recouvrir; **cover** *n.* couverture (*n.f.*)

cow *n.* vache (*n.f.*)

craft *n.* artisanat (*n.m.*)

craftsman *n.* artisan (*n.m.*)

crawl *v.* ramper

create *v.* créer

creative *adj.* créatif, créative

cross *v.* traverser

crowd *n.* foule (*n.f.*)

culprit *n.* coupable (*n.m., f.*)

conjunction *n.* conjonction (*n.f.*)

cup *n.* tasse (*n.f.*)

curb *n.* courbe (*n.f.*)

cushion *n.* coussin (*n.m.*)

cut *v.* couper; **cut out** couper

D

daily *adj.* quotidien, quotidienne

daring *adj.* audacieux, audacieuse

dark *adj.* foncé(e)

data file *n.* fichier (*n.m.*)

day *n.* jour (*n.m.*), journée (*n.f.*)

dazzling *adj.* éclatant(e)

dead *adj.* mort(e)

deadly *adj.* meurtrier, meurtrière

deafness *n.* surdité (*n.f.*)

dear *adj.* cher, chère

deceive *v.* tromper

deceiver *n.* trompeur (*n.m.*), trompeuse (*n.f.*)

decipher *v.* déchiffrer

decode *v.* déchiffrer

decor *n.* décoration (*n.f.*)

defend oneself *v.* se défendre

delicacy *n.* friandise (*n.f.*)

demand *n.* demande (*n.f.*); *v.* exiger

demonstrate *v.* manifester

demonstrator *n.* manifestant (*n.m.*), manifestante (*n.f.*)

department, advertising department *n.* service de publicité (*n.m.*)

deplorable *adj.* fâcheux, fâcheuse

depressed *adj.* déprimé(e)

describe *v.* décrire

desert *n.* désert (*n.m.*)

deserve *v.* mériter

designate *v.* désigner

destiny *n.* destin (*n.m.*)

destroy *v.* détruire

destruct *v.* détruire

detailed *adj.* approfondi(e)

develop *v.* développer, élaborer

diamond *n.* diamant (*n.m.*)

dictionary *n.* dictionnaire (*n.m.*)

die *v.* mourir

differently *adv.* autrement

difficult *adj.* difficile

dilemma *n.* dilemme (*n.m.*)

dine *v.* dîner

director *n.* directeur (*n.m.*), directrice (*n.f.*)

dirty *adj.* sale

disappear *v.* disparaître

discourse *n.* discours (*n.m.*)

discover *v.* découvrir

discovery *n.* découverte (*n.f.*)

discuss *v.* discuter

disembark *v.* débarquer

dish *n.* plat (*n.m.*)

dishes *n.* vaisselle (*n.f.*)

dismiss *v.* bannir

distance *n.* distance (*n.f.*)

distinguish (o.s.) *v.* se distinguer

district *n.* quartier (*n.m.*)

diverse *adj.* divers(e)

do *v.* faire; **to do one's best** faire son possible

doctor *n.* médecin (*n.m., f.*)

dog *n.* chien (*n.m.*), chienne (*n.f.*)

dolphin *n.* dauphin (*n.m.*)

domain *n.* domaine (*n.m.*)

door *n.* porte (*n.f.*)

downstairs *adv.* en bas

dough *n.* pâte (*n.f.*)

doughnut *n.* beigne (*n.m.*)

draft *n.* brouillon (*n.m.*)

draw *v.* dessiner, tirer; **to draw one's inspiration from** s'inspirer de; **to draw up** *v.* dresser

drawer *n.* tiroir (*n.m.*)

drawing *n.* dessin (*n.m.*)

dream *n.* rêve (*n.m.*); *v.* rêver

dress *n.* robe (*n.f.*); **to dress oneself** *v.* s'habiller

dribble *v.* dribbler

drink *v.* boire, *n.* boisson (*n.f.*)

drive *v.* conduire

drum *n.* batterie (*n.f.*), tambour (*n.m.*)

drummer *n.* tambour (*n.m.*)

dry *adj.* desséché(e), sec, sèche; **to dry** *v.* sécher

duck *n.* canard (*n.m.*)

during *prep.* au cours de, pendant

duty *n.* devoir (*n.m.*)

dwelling *n.* habitation (*n.f.*)

E

each one *pron.* chacun(e); **each** *adj.* chaque

ear *n.* oreille (*n.f.*)

early *adv.* tôt

earring *n.* boucle d'oreille (*n.m.*)

earn *v.* gagner

earth *n.* terre (*n.f.*)

easy *adj.* facile

economic *adj.* économique

edge *n.* côté (*n.m.*)

editor, chief editor *n.* rédacteur en chef

editorial *n.* rédaction (*n.f.*)

education *n.* formation (*n.f.*)

effect *n.* effet (*n.m.*)

effective *adj.* efficace

egg *n.* oeuf (*n.m.*)

eggplant *n.* aubergine (*n.f.*)

electronic address *n.* adresse électronique (*n.f.*)

elder *n.* l'aîné (*n.m.*), l'aînée (*n.f.*) *adj.* aîné(e)

electricity *n.* électricité (*n.f.*)

e-mail *n.* courrier, courriel (*n.m.*)

emergency *n.* urgence (*n.f.*)

enclosure *n.* enclos (*n.m.*)

end *n.* bout (*n.m.*), fin (*n.f.*); **in the end** au fond

end *v.* (se) terminer

endangered *adj.* en voie d'extinction

ending *n.* terminaison (*n.f.*)

enemy *n.* ennemi (*n.m.*)

energetic *adj.* énergique

engineer *n.* ingénieur (*n.m.*), ingénieure (*n.f.*)

engraving *n.* gravure (*n.f.*)

enormous *adj.* énorme

English *adj.* anglais(e)

enough *adv.* assez

enter *v.* entrer

enterprise *n.* entreprise (*n.f.*)

entertain *v.* divertir

entrance *n.* entrée (*n.f.*)

era *n.* époque (*n.f.*)

erase *v.* effacer

errand *n.* course (*n.f.*)

error *n.* erreur (*n.f.*)

escape *v.* s'échapper, se sauver

establish *v.* établir

evaluate *v.* évaluer

evening *n.* soir (*n.m.*), soirée (*n.f.*)

event *n.* événement (*n.m.*)

ever *adv.* jamais

every *adj.* chaque

everybody *pron.* tout le monde

everywhere *adv.* partout

except *prep.* sauf, sinon

expand *v.* grandir

expect *v.* s'attendre à

expensive *adj.* cher, chère

exhibition *n.* exposition (*n.f.*)

explain *v.* expliquer

explanation *n.* explication (*n.f.*)

exploit *v.* exploiter

exporter *n.* exportateur (*n.m.*), exportatrice (*n.f.*)

express *v.* exprimer

extra *adj.* supplémentaire

eye *n.* oeil (*n.m.*)

F

fabric *n.* tissu (*n.m.*)

face *n.* visage (*n.m.*)

in fact *n.* en fait

factory *n.* fabrique (*n.f.*)

faint *v.* perdre conscience

fair *adj.* juste

fall *n.* automne (*n.m.*), *v.* tomber; **to fall asleep** s'endormir

false *adj.* faux, fausse

family *n.* famille (*n.f.*)

famous *adj.* célèbre, fameux, fameuse

farm *n.* ferme (*n.f.*)

farmer *n.* fermier (*n.m.*) fermière (*n.f.*)

fascinate *v.* passionner; **to be fascinated by** se passionner pour

fascinating *adj.* fascinant(e), passionnant(e)

fashion *n.* mode (*n.f.*); **fashion show** *n.* défilé de mode (*n.m.*); **fashion designer** *n.* dessinateur (*n.m.*) dessinatrice de mode (*n.f.*)

fast *adj.* rapide, vite

fat *adj.* gras, grasse; gros, grosse

fate *n.* destin (*n.m.*), sort (*n.m.*)

fault *n.* faute (*n.f.*)

favorite *adj.* favori, favorite, préféré(e)

fear *n.* peur (*n.f.*)

fearful *adj.* peureux, peureuse

fed, to be fed up *loc.* en avoir marre

feed oneself *v.* se nourrir

feel, to feel like *v.* avoir envie de

fellow *n.* type (*n.m.*)

female *adj.* femelle (*n.f.*)

feminine *adj.* féminin(e)

ferocious *adj.* féroce

few *adv.* peu

fictitious *adj.* fictif, fictive

field *n.* champ (*n.m.*), terrain (*n.m.*)

fifty (about) cinquantaine (*n.f.*)

fight *n.* bagarre (*n.f.*); *v.* se battre

figure *v.* figurer

file *n.* dossier (*n.m.*)

fill *v.* remplir

finally *adv.* enfin

financial *adj.* financier, financière

finalize *v.* mettre au point

finally *adv.* au fond

find *v.* retrouver, trouver

finger *n.* doigt (*n.m.*)

finish *v.* finir, (se) terminer, compléter

firm *adj.* ferme

first *adj.* premier, première; **at first** *adv.* d'abord; **first name** *n.* prénom (*n.m.*)

fish *n.* poisson (*n.m.*)

fit *v.* convenir; **fit out** *v.* aménager

fix *v.* arranger, réparer

fizzy *adj.* gazeux, gazeuse

flash (of lightning) *n.* éclair (*n.m.*)

flask *n.* flacon (*n.m.*)

flower *n.* fleur (*n.f.*)

flee *v.* se sauver

flock *n.* troupeau (*n.m.*)

floor (on the floor) *n.* par terre

folder *n.* dépliant (*n.m.*)

follow *v.* suivre

following *adj.* suivant(e)

food *n.* aliment (*n.m.*), nourriture (*n.f.*)

fool *v.* tromper

foot *n.* pied (*n.m.*); **on foot** à pied

for *conj.* car *prép.* pour, depuis; à titre

forbid *v.* interdire

forest *n.* forêt (*n.f.*)

forget *v.* oublier

form *v.* former

formulate *v.* formuler, poser (le problème)

found *v.* fonder

fox *n.* renard (*n.m.*)

free *adj.* gratuit(e)

freezing *adj.* glacial(e)

fresh *adj.* frais, fraîche

fridge *n.* frigo (*n.m.*)

friend *n.* ami(e) (*n.m.*, *f.*), camarade (*n.m.*, *f.*)

friendly *adj.* sympathique

fries *n.* frites (*n.f. pl.*)

frightening *adj.* effrayant(e)

frog *n.* grenouille (*n.f.*)

from *prep.* de; **from now on** dès maintenant, à partir de maintenant

front, in front of *prep.* devant

frozen *adj.* gelé(e)

full *adj.* plein(e)

fundraising *n.* collecte de fonds (*n.f.*)

funds *n.* fonds (*n.m. pl.*)

furious *adj.* furieux, furieuse

furniture *n.* meubles (*n.m. pl.*); **piece of furniture** meuble (*n.m.*)

furor *n.* fureur (*n.f.*)

future *n.* avenir (*n.m.*)

G

gain *v.* bénéficier, gagner

game *n.* jeu (*n.m.*)

garbage can *n.* poubelle (*n.f.*)

garden *n.* jardin (*n.m.*)

gardening *n.* jardinage (*n.m.*)

garment *n.* vêtement (*n.m.*)

gaseous *adj.* gazeux, gazeuse

gather *v.* recueillir

gazelle *n.* gazelle (*n.m.*)

gear *v.* adresser à

gene *n.* gène (*n.m.*)

genius *n.* génie (*n.m.*)

germ *n.* microbe (*n.m.*)

get *v.* recevoir; **get close to** *v.* (s') approcher; **get out** sortir; **get off** *v.* débarquer

gift *n.* cadeau (*n.m.*)

gigantic *adj.* gigantesque

girl *n.* fille (*n.f.*)

give *v.* donner, accorder; **to give a start** sursauter; **to give the floor** donner la parole; **give back** remettre

glad *adj.* content(e)

glove *n.* gant (*n.m.*)

glue *v.* coller

go *v.* aller, se rendre; **to go back** retourner; **to go back down** redescendre; **to go down** descendre; **to go past** dépasser; **to go to bed** se coucher; **to go with** accompagner; **going toward** *v.* se diriger; **as the days go by** au fil des jours

goal *n.* but (*n.m.*)

gold *n.* or (*n.m.*)

good *adj.* bon, bonne

goodbye au revoir

goosebumps *n.* chair de poule (*n.f.*)

gorilla *n.* gorille (*n.m.*)

gourmet *n.* gastronome (*n.m.*, *f.*)

government *n.* gouvernement (*n.m.*)

grab *v.* saisir

grammar *n.* grammaire (*n.f.*)

grandma *n.* grand-maman (*n.f.*)

grandmother *n.* grand-mère (*n.f.*)

grandfather *n.* grand-père (*n.m.*)

grant *v.* accorder

graphics *n.* graphiques (*n.m. pl.*)

great *adj.* grand(e)

great-grandfather *n.* arrière-grand père (*n.m.*)

greenhouse *n.* serre (*n.f.*)

ground *n.* sol (*n.m.*), terre (*n.f.*)

grow *v.* grandir, pousser

growl *n.* grognement (*n.m.*); *v.* grogner

grunt *n.* grognement (*n.m.*)

guard *n.* gardien (*n.m.*), gardienne (*n.f.*); *v.* garder

guess *v.* deviner

guilty *adj.* coupable

guarantee *v.* garantir

guest *n.* invité (*n.m.*), invitée (*n.f.*)

guinea pig *n.* cochon d'Inde (*n.m.*)

guitar *n.* guitare (*n.f.*)

H

hair *n.* poil (*n.m.*), cheveux (*n.m. pl.*)

hairstyle *n.* coiffure (*n.f.*)

ham *n.* jambon (*n.m.*)

hankerchief *n.* mouchoir (*n.m.*)

handwriting *n.* écriture (*n.f.*)

happen *v.* arriver, se passer, se produire

happiness *n.* bonheur (*n.m.*)

happy *adj.* heureux, heureuse

hard *adj.* fort(e); **hard-working** *adj* travailleur, travailleuse

hat *n.* chapeau (*n.m.*)

haunted *adj.* hanté(e)

have *v.* avoir; **to have fun** *v.* s'amuser; **to have to** devoir; **to have dinner** dîner; **to have just** venir de

head *n.* tête (*n.f.*); *adj.* en chef

heading *n.* en-tête

headline *n.* manchette (*n.f.*)

health *n.* santé (*n.f.*)

healthy *adj.* sain(e)

hear *v.* entendre, entendre dire que

heart *n.* coeur (*n.m.*)

help *n.* aide (*n.f.*); **to help** *v.* aider; **help!** au secours!

helpful *adj.* obligeant(e)

herd *n.* troupeau (*n.m.*)

here is *prep.* voici

heroin *n.* heroïne (*n.f.*)

hesitate *v.* hésiter

high *adj.* haut(e), élevé(e)

highlight, to be the highlight *n.* être le clou

hill, up hill and down dale *n.* par monts et par vaux

hire *v.* embaucher, engager

history *n.* histoire (*n.f.*)

hold *v.* tenir

hole *n.* trou (*n.m.*)

home *n.* foyer (*n.m.*); **at home** *prep.* chez; **at my home** chez moi

homework *n.* devoir (*n.m.*)

honest *adj.* honnête

honour *n.* honneur (*n.m.*)

hope *v.* espérer; *n.* espoir (*n.m.*)

horse *n.* cheval (*n.m.*)

hospital *n.* hôpital (*n.m.*)

hot *adj.* piquant(e), chaud

hour *n.* heure (*n.f.*)

house *n.* habitation (*n.f.*), maison (*n.f.*)

how *adv.* comment; **how many** *adv.* combien; **how much** combien

however *conj.* cependant, par contre

howl *v.* hurler

human *adj.* humain(e)

hunger *n.* faim (*n.f.*)

hunt *v.* chasser

hunting *n.* chasse (*n.f.*)

hurt *v.* faire mal à

hypothesis *n.* hypothèse (*n.f.*)

I

ice cream *n.* crème glacée (*n.f.*)

icon *n.* icône (*n.m.*)

icy *adj.* glacial(e)

idea *n.* idée (*n.f.*)

identical *adj.* identique

identify oneself *v.* s'identifier

if *conj.* si

imaginary *adj.* imaginaire

improve *v.* améliorer

impulsive *adj.* impulsif, impulsive

in *prep.* dans; **in-chief** en chef

include *v.* comprendre, inclure, contenir

increase *v.* augmenter

incredible *adj.* incroyable

indicated *adj.* indiqué(e)

indifferent *adj.* indifférent(e)

industrial *adj.* industriel, industrielle

inform *v.* renseigner

information *n.* renseignement (*n.m.*)

inhabitant *n.* habitant (*n.m.*)

inquest *n.* enquête (*n.f.*)

inscribe *v.* inscrire

insect *n.* insecte (*n.m.*)

interest *n.* intérêt (*n.m.*)

interested, to be interested in *v.* s'intéresser à

interesting *adj.* intéressant(e)

interrupt *v.* interrompre

interview *n.* entrevue (*n.f.*)

intimate *adj.* intime

into *prep.* dans

intuitive *adj.* intuitif, intuitive

invade *v.* envahir

invent *v.* inventer

inventor *n.* inventeur (*n.m.*), inventrice (*n.f.*)

investigation *v.* enquête (*n.f.*)

invite *v.* inviter

involve *v.* impliquer

irregular *adj.* irrégulier, irrégulière

island *n.* île (*n.f.*)

isolate *v.* isoler

ivory *n.* ivoire (*n.m.*)

J

jam *n.* confiture (*n.f.*)

Japanese *adj.* japonais(e)

jewel *n.* bijou (*n.m.*)

job *n.* emploi (*n.m.*), travail (*n.m.*), métier (*n.m.*)

join *v.* joindre, rejoindre, relier

joke *n.* blague (*n.f.*)

journalist *n.* journaliste (*n.m., f.*)

joy *n.* joie (*n.f.*)

judge *v.* juger

juggle *v.* jongler

juggler *n.* jongleur (*n.m.*), jongleuse (*n.f.*)

juggling *n.* jonglerie (*n.f.*)

jump *n.* saut (*n.m.*); **to jump** sursauter

June *n.* juin (*n.m.*)

justify *v.* justifier

K

keep *v.* garder, tenir

keeper *n.* gardien (*n.m.*), gardienne (*n.f.*)

key *n.* clé (*n.f.*), clef (*n.f.*)

kidnap *v.* kidnapper

kill *v.* tuer, mettre à mort

kind *n.* sorte (*n.f.*)

king *n.* roi (*n.m.*)

kiss *v.* embrasser
kitchen *n.* cuisine (*n.f.*)
knapsack *n.* sac à dos (*n.m.*)
know *v.* connaître, savoir
knowledge *n.* connaissance (*n.f.*)

laboratory, lab *n.* laboratoire (*n.m.*)
lad *n.* gars (*n.m.*)
ladder *n.* échelle (*n.f.*)
lake *n.* lac (*n.m.*)
language *n.* langue (*n.f.*)
last *adj.* dernier, dernière; **at last...** enfin; *v.* durer
late *adv.* tard
later *adv.* plus tard
laugh *v.* rire
launch *m.* lancement (*n.m.*), *v.* lancer
law *n.* droit (*n.m.*); **law courts** palais de justice (*n.m.*)
lawn *n.* pelouse (*n.f.*)
lawnmower *n.* tondeuse (*n.f.*)
layer *n.* couche (*n.f.*)
lay out *v.* aménager
lead *n.* laisse (*n.f.*)
learn *v.* apprendre
leash *n.* laisse (*n.f.*)
least (the) *pron.* le moins
less *adv.* moins
leave *v.* laisser, quitter
left *adj.* gauche; **on the left** à gauche
leg *n.* (d'un animal) patte (*n.f.*)
lengthened *adj.* allongé(e)
let *v.* laisser
lettuce *n.* laitue (*n.f.*)

library *n.* bibliothèque (*n.f.*)
lie, to lie down *v.* se coucher
life *n.* vie (*n.f.*)
like *v.* aimer; *conj.* comme
liner *n.* paquebot (*n.m.*)
link-word *n.* mot-lien; **to link up together** *v.* relier
listen *v.* écouter
listener *n.* auditeur (*n.m.*), auditrice (*n.f.*); **to be listening to** *v.* être à l'écoute
little *adv.* peu
live (in) *v.* habiter, vivre; **live** *adj.* en direct; **to live it up** faire la fête
living room *n.* salon (*n.m.*)
located, to be located *v.* se trouver
location *n.* endroit (*n.m.*), site (*n.m.*)
lock *n.* serrure (*n.f.*); **to lock (up)** *v.* enfermer
look, to look for, chercher; **to look at oneself** se regarder ...; **to look forward to** *v.* avoir hâte; **look like** *v.* ressembler
lose *v.* perdre
lot *n.* sort (*n.m.*)
loud *adj.* fort(e)
lounge *n.* salon (*n.m.*)
love *n.* amour (*n.m.*), **to love** *v.* aimer
luck *n.* chance (*n.f.*); **good luck** bonne chance
lucky *adj.* chanceux, chanceuse
lunch *n.* déjeuner (*n.m.*)

M

mail *n.* courrier (*n.m.*), poste (*n.f.*)

mailman *n.* facteur (*n.m.*)
main *adj.* principal(e)
maintain *v.* affirmer
make *v.* fabriquer, faire; **to make clear** préciser; **make someone want to** donner envie
man *n.* homme (*n.m.*)
many *adj.* beaucoup
map *n.* carte (*n.f.*)
March *n.* mars (*n.m.*)
mark *n.* marque (*n.f.*), note (*n.f.*)
marry *v.* épouser
masterpiece *n.* chef d'oeuvre (*n.m.*)
match *n.* allumette (*n.f.*)
matter *n.* affaire (*n.f.*)
maybe *adv.* peut-être
maze *n.* labyrinthe (*n.m.*)
me *pron.* me, moi
meal *n.* repas (*n.m.*)
mean *v.* vouloir dire
meaning *n.* sens (*n.m.*)
meat *n.* viande (*n.f.*)
meet *v.* rencontrer, faire la connaissance
meeting *n.* rencontre (*n.f.*)
mention *v.* mentionner
merit *v.* mériter
milk *n.* lait (*n.m.*)
mistake *n.* erreur (*n.f.*), faute (*n.f.*)
mix *v.* combiner; *n.* mélange (*n.m.*)
moment *n.* instant (*n.m.*)
money *n.* argent (*n.m.*), monnaie (*n.f.*)
monkey *n.* singe (*n.m.*)
monster *n.* monstre (*n.m.*)
monstrous *adj.* monstrueux, monstrueuse
more *adv.* plus

moreover *adv.* d'ailleurs, de plus
most *adj.* la plupart de
mouse *n.* souris (*n.f.*)
move *v.* bouger, déménager, se déplacer
movie *n.* film (*n.m.*)
mow (the lawn) *v.* tondre (la pelouse)
much *adj.* beaucoup; **very (much)** grand'chose
myself *pron.* moi-même

N

name *n.* nom; **to name** *v.* désigner, nommer
narrow *adj.* étroit(e)
nasty *adj.* méchante(e)
near *adv.* près
necessary *adj.* nécessaire
neck *n.* cou (*n.m.*)
need *n.* besoin (*n.m.*); **to need** *v.* avoir besoin de, falloir, nécessiter; **if need be, as needed** au besoin
neighbour *n.* voisin (*n.m.*), voisine (*n.f.*)
network *n.* réseau (*n.m.*)
never *adv.* jamais
new *adj.* neuf, neuve, nouveau, nouvelle
news *n.* nouvelles (*n.f.*)
newspaper *n.* journal (*n.m.*)
next *adj.* prochain(e), suivant(e)
nice *adj.* sympathique
night *n.* nuit (*n.f.*), soir (*n.m.*)
nobody *pron.* personne
noise *n.* bruit (*n.m.*)
noon *n.* midi (*n.m.*)
no one *pron.* personne
north *n.* nord (*n.m.*)
nose *n.* nez (*n.m.*)

not *adv.* ne... pas

notebook *n.* cahier (*n.m.*)

nothing *pron. ind.* rien

notice *v.* constater, remarquer

novel *n.* roman (*n.m.*)

not much *adv.* peu; **not one** *adv.* aucun(e)

number *n.* numéro (*n.m.*), nombre (*n.m.*)

O

object *n.* objet (*n.m.*)

obliging *adj.* obligeant(e)

observe *v.* observer

obvious *adj.* évident(e)

ocean *n.* océan (*n.m.*)

occupation *n.* métier (*n.m.*)

occupy *v.* habiter

offer *v.* offrir

office *n.* bureau (*n.m.*)

often *adv.* souvent

old *adj.* âgé(e); **old-fashioned** *adj.* démodé, vieux, vieil(le)

once *adv.* une fois

only *adj.* seul(e); *adv.* seulement

open *v.* ouvrir

opening *n.* ouverture (*n.f.*)

opinion *n.* avis (*n.m.*); **of the opinion** d'avis; **in your opinion** à votre avis

opposite *adj.* contraire

order *n.* ordre (*n.m.*); **order** *v.* commander

our *adj. poss.* notre, nos

organize *v.* organiser

organizer *n.* animateur (*n.m.*), animatrice (*n.f.*)

other *adj.* autre

outing *n.* sortie (*n.f.*)

over there *adv.* là-bas

overtake *v.* dépasser

owing to *prep.* à cause de

own *adj.* propre

owner *n.* propriétaire (*n.m.*, *f.*)

P

package *n.* paquet (*n.m.*)

paint *v.* peindre

painter *n.* peintre (*n.m.*, *f.*)

painting *n.* peinture (*n.f.*)

panic-stricken *adj.* pris(e) de panique

paper *n.* papier (*n.m.*)

paragraph *n.* paragraphe (*n.m.*)

park *n.* parc (*n.m.*)

parking *n.* stationnement (*n.m.*)

parrot *n.* perroquet (*n.m.*); **female parrot** perruche (*n.f.*)

part *n.* partie (*n.f.*), rôle (*n.m.*); **to be part of** faire partie de

part-time *adj.* partiel, partielle

participate *v.* participer

partner *n.* partenaire (*n.m.*, *f.*)

pass *v.* passer

password *n.* mot de passe (*n.m.*)

past *n.* passé (*n.m.*)

paste *n.* pâte (*n.f.*)

pasting *n.* collage (*n.m.*)

patient *adj.* patient(e)

paw *n.* patte (*n.f.*)

peace (leave in) *n.* laisser tranquille

peaceful *adj.* paisible

pastime *n.* passe-temps (*n.m.*)

peace *n.* paix (*n.f.*)

peanut *n.* arachide (*n.f.*); **peanut butter** beurre d'arachide (*n.m.*)

pebble *n.* caillou (*n.m.*)

pedal *n.* pédale (*n.f.*)

pencil *n.* crayon (*n.m.*)

penetrate *v.* pénétrer

pennant *n.* fanion (*n.m.*)

people *n.* gens (*n.m. pl.*), monde (*n.m.*)

perhaps *adv.* peut-être

permit *v.* permettre

person *n.* personne (*n.f.*)

personality *n.* personnalité (*n.f.*)

persuade *v.* persuader

physically *adv.* physiquement

physician *n.* médecin (*n.m.*, *f.*)

phone call *n.* coup de fil (*n.m.*)

pick-up *v.* ramasser

pickle *n.* cornichon (*n.m.*)

picnic *n.* pique-nique (*n.m.*)

picture *n.* photo (*n.f.*)

pie *n.* tarte (*n.f.*)

piece *n.* morceau (*n.m.*)

pig *n.* cochon (*n.m.*)

pillow *n.* oreiller (*n.m.*)

pit *n.* fosse (*n.f.*)

place *n.* endroit (*n.m.*); *v.* mettre

planet *n.* planète (*n.f.*)

plant *n.* plante (*n.f.*)

plaster *n.* plâtre (*n.m.*)

plastic *adj.* plastique

play *v.* s'amuser, jouer

player *n.* joueur (*n.m.*)

playground *n.* cour de récréation (*n.f.*)

pleasant *adj.* gentil, gentille

please *v.* plaire à, faire plaisir à

pleasure *n.* plaisir (*n.m.*)

plot *n.* intrigue (*n.f.*)

plural (in the) *n.* (au) pluriel

poison *v.* empoisonner

polar *adj.* polaire

policeman *n.* agent de police (*n.m.*)

pool *n.* piscine (*n.f.*)

poor *adj.* pauvre

popular *adj.* populaire

pose *v.* poser

position *n.* emploi (*n.m.*), travail (*n.m.*)

possess *v.* posséder

possibility *n.* possibilité (*n.f.*)

poster *n.* affiche (*n.f.*)

practical *adj.* pratique

precise *adj.* précis(e)

predator *n.* prédateur (*n.m.*)

prediction *n.* prédiction (*n.m.*)

preparation *n.* préparatif (*n.m.*)

prepare *v.* préparer

present *n.* cadeau; *v.* présenter

presently *adv.* à présent

press conference *n.* conférence de presse (*n.f.*)

pretty *adj.* joli(e)

prevent *v.* empêcher

preventive *adj.* préventif, préventive

previous *adj.* précédent(e)

price *n.* prix (*n.m.*)

principle *n.* principe (*n.m.*)

print *n.* empreinte (*n.f.*)

private *adj.* privé(e)

prize *n.* prix (*n.m.*)

problem *n.* problème (*n.m.*)

proceed *v.* procéder

process *v.* traiter

processing *n.* traitement (*n.m.*)

proclaim *v.* proclamer
produce *v.* fabriquer
producer *n.* producteur (*n.m.*), productrice (*n.f.*), réalisateur (*n.m.*), réalisatrice (*n.f.*)
product *n.* produit (*n.m.*)
program *n.* émission (*n.f.*), programme (*n.m.*)
project *n.* projet (*n.m.*)
pronoun *n.* pronom (*n.m.*)
proof *n.* preuve (*n.f.*)
proper *adj.* propre
protect *v.* protéger
proud *adj.* fier, fière
prove *v.* prouver
provoke *v.* provoquer
public *v.* publier
publicity kit *n.* trousse de publicité (*n.f.*)
pull *v.* tirer
pumpkin *n.* citrouille (*n.f.*)
punish *v.* punir
pupil *n.* élève (*n.m., f.*)
purchase *v.* acheter
pursue *v.* poursuivre
push *v.* pousser
put *v.* mettre; **to put, to put an end to** mettre fin à; **to put into the soil** mettre en terre; **to put on one's make-up** se maquiller; **to put together** rassembler
pyralis (butterfly) *n.* pyrale (*n.f.*)

Q

quality *n.* qualité (*n.f.*)
quantity *n.* quantité (*n.f.*)
quick *adj.* rapide
quickly *adv.* en vitesse, vite

quietly *adv.* sagement, tranquillement

R

rabbit *n.* lapin (*n.m.*)
rabies *n.* rage (*n.f.*)
racoon *n.* raton-laveur (*n.m.*)
rain *n.* pluie (*n.f.*)
raised *adj.* en relief
ransom *n.* rançon (*n.f.*)
rapper *n.* rappeur (*n.m.*)
raspberry *n.* framboise (*n.f.*)
rate *n.* tarif (*n.m.*)
react *v.* réagir
reaction *n.* réaction (*n.f.*)
real *adj.* véritable, vrai(e)
reality *n.* réalité (*n.f.*)
realize *v.* se rendre compte
really *adv.* vraiment
rear *v.* élever
reason *n.* raison (*n.f.*)
reasonable *adj.* raisonnable
recall *v.* se rappeler
recapture *v.* reprendre
receive *v.* recevoir
recipe *n.* recette (*n.f.*)
recopy *v.* recopier
record *v.* enregistrer
recreate *v.* recréer
reduce *v.* réduire
refer oneself *v.* se référer
reflect *v.* réfléchir, réfléter
reflexive *adj.* réfléchi(e)
register *v.* (s') inscrire
regular *adj.* régulier, réguilère
relax *v.* se détendre
remain *v.* rester
remember *v.* se rappeler
remote control *n.* télécommande (*n.f.*)

replace *v.* remplacer
report *n.* rapport (*n.m.*), reportage (*n.m.*)
represent *v.* représenter
request *n.* demande (*n.f.*)
require *v.* exiger
reread *v.* relire
rescue *v.* sauver
research *n.* recherche (*n.f.*)
researcher *n.* chercheur (*n.m.*), chercheuse (*n.f.*)
resemble *v.* ressembler
reserve *n.* réserve (*n.f.*)
resist *v.* résister
resistent *adj.* résistant(e)
resolve *v.* résoudre
resource *n.* ressource (*n.f.*)
respond *v.* répondre
responsible *adj.* responsable
rest *v.* (se) reposer
result *n.* résultat (*n.m.*)
reveal *v.* révéler
revenge *n.* vengeance (*n.f.*)
review *v.* réviser
revise *v.* réviser
revolve, to revolve around *v.* porter sur
rewrite *v.* récrire
rhubarb *n.* rhubarbe (*n.f.*)
rice *n.* riz (*n.m.*)
rich *adj.* riche
ride *n.* randonnée (*n.f.*)
right *n.* droit (*n.m.*); **on the right** à droite
ring *n.* bague (*n.f.*), coup de téléphone
risk *n.* risque (*n.m.*)
road *n.* chemin (*n.m.*)
roar, to roar with laughter *v.* rire aux éclats

robbery *n.* vol (*n.m.*)
robotized *adj.* robotisé(e)
rock *n.* rocher (*n.m.*)
role *n.* rôle (*n.m.*)
room *n.* salle (*n.f.*), chambre (*n.f.*)
root *n.* radical (*n.m.*)
round *adj.* rond(e); **round trip** *n.* aller-retour (*n.m.*)
rowboat *n.* chaloupe (*n.f.*)
rubbish *n.* déchet (*n.m.*), ordure (*n.f.*)
rucksack *n.* sac à dos (*n.m.*)
rule *n.* règle (*n.f.*)
run *v.* courir, tenir l'affiche (show)

S

sad *adj.* triste
sadness *n.* tristesse (*n.f.*)
salmon *n.* saumon (*n.m.*)
salute *v.* saluer
same *adj.* même
save *v.* économiser, sauver
say *v.* dire
scale *n.* écaille (*n.f.*)
schedule *n.* horaire (*n.f.*)
scholar *n.* savant (*n.m.*)
school *m.* école (*n.f.*)
scientist *n.* savant (*n.m.*), scientifique (*n.m., f.*)
scream *v.* crier; *n.* cri (*n.m.*)
screen *n.* écran (*n.m.*)
scuffle *n.* bagarre (*n.f.*)
sculpt *v.* sculpter
search *v.* chercher
seat *n.* siège (*n.m.*)
second *adj.* deuxième
secondary *adj.* secondaire

search *n.* recherche (*n.f.*)

security *n.* sécurité (*n.f.*)

see *v.* voir; **see you** salut

seed *n.* graine (*n.f.*), pépin (*n.m.*)

seeing, be seeing you *v.* à la prochaine

seek *v.* chercher

seem *v.* sembler

seize *v.* saisir

sell *v.* vendre

send *v.* envoyer

sensitive *adj.* sensible

sentence *n.* phrase (*n.f.*)

series *n.* série (*n.f.*)

serious *adj.* grave, sérieux, sérieuse

seriously *adv.* au sérieux

set, to set foot *v.* mettre les pieds; **to set up** monter

settle *v.* s'installer

share *v.* échanger

shark *n.* requin (*n.m.*)

sharp *adj.* vif, vive, brillant(e)

sheep *n.* mouton (*n.m.*)

sheet *n.* feuille (*n.f.*)

shelf *n.* étagère (*n.f.*)

shell *n.* coquille (*n.f.*)

shepherd *n.* berger (*n.m.*)

ship *n.* navire (*n.m.*), paquebot (*n.m.*)

shirt *n.* chemise (*n.f.*)

shiver *n.* frisson (*n.m.*)

shoe *n.* chaussure (*n.f.*), soulier (*n.m.*)

shoot *v.* tourner (un film)

short *adj.* court(e), petit(e)

shout *n.* cri (*n.m.*); **shout** *v.* crier

shovel *n.* pelle (*n.f.*)

show *v.* montrer

shut (up) *v.* enfermer

side *n.* bord (*n.m.*)

sign *n.* indice (*n.m.*), signe (*n.m.*); *v.* signer

significance *n.* signification (*n.f.*)

silent *adj.* silencieux, silencieuse, muet, muette

similarity *n.* similarité (*n.f.*)

sing *v.* chanter

since *prep.* depuis; *conj.* puisque

sister *n.* soeur

sit *v.*; **to sit down** (s') asseoir

site *n.* site (*n.m.*)

situate *v.* situer

size *n.* grandeur (*n.f.*)

skeleton *n.* squelette (*n.m.*)

skin *n.* peau (*n.f.*)

skirt *n.* jupe (*n.f.*)

sleep *v.* dormir

slice *n.* tranche (*n.f.*)

sly *adj.* rusé(e)

small *adj.* petit(e)

smart *adj.* intelligent(e)

smoked *adj.* fumé(e)

snow *n.* neige (*n.f.*)

so *adv.* alors, donc, puis; **at so and so's** *prep.* chez

soft *adj.* doux, douce

softly *adv.* doucement

soil *n.* sol (*n.m.*)

some *adj. indef.* quelque, certain(e)

someone *pron. indef.* quelqu'un

song *n.* chanson (*n.f.*)

soon after *adv.* peu après

sorry, to (be) *v.* (être) désolé

sort *n.* genre (*n.m.*)

sometimes *adv.* parfois

soul *n.* âme (*n.f.*)

sound *n.* son (*n.m.*); *adj.* sonore

soup *n.* soupe (*n.f.*)

sow *v.* semer

soya *n.* soja (*n.m.*)

space *n.* espace (*n.m.*)

spaceship *n.* vaisseau spatial (*n.m.*)

speak parler à, s'adresser à

special *adj.* spécial(e)

species *n.* espèce (*n.f.*)

specific *adj.* spécifique

specify *v.* préciser

spectacular *adj.* spectaculaire

speech *n.* discours (*n.m.*)

spelling *n.* ortographe (*n.f.*)

spend *v.* dépenser; **to spend time** passer du temps

spiced *adj.* épicé(e)

spider *n.* araignée (*n.f.*)

spirit *n.* esprit (*n.m.*)

spontaneous *adj.* spontané(e)

spoon *n.* cuillère (*n.f.*)

spread *v.* se propager

square *adj.* carré(e)

stage *n.* étape (*n.f.*); **stage manager** régisseur (*n.m.*), régisseure (*n.f.*)

stamp *n.* timbre (*n.m.*)

stand *v.* se tenir debout

standing (up) *adv.* debout

star *n.* étoile (*n.f.*), vedette (*n.f.*)

start *v.* commencer, fonder, prendre naissance

statement *n.* énoncé (*n.f.*)

stay *v.* rester

step *n.* étape (*n.f.*), pas (*n.m.*)

stick *v.* coller

sticky *adj.* gluant(e)

still *adv.* encore

stilt *n.* échasse (*n.f.*)

stimulating *adj.* stimulant(e)

stone *n.* caillou (*n.m.*), pierre (*n.f.*)

stop *v.* (s') arrêter

straight-away *loc.* tout de suite

street *n.* rue (*n.f.*)

strength *n.* force (*n.f.*)

stressful *adj.* stressant(e)

strictly *adv.* strictement

strong *adj.* fort(e); **strong point** point fort (*n.m.*)

stuck *adj.* coincé(e)

student *n.* étudiant(e) (*n.m.,f.*), élève (*n.m.,f.*)

study *n.* étude (*n.f.*); *v.* étudier

stunned *adj.* stupéfait(e)

stupefy *v.* stupéfier

stupid *adj.* idiot(e), bête

subject *n.* sujet (*n.m.*), matière (*n.f.*)

submarine *n.* sous-marin (*n.m.*)

submit *v.* soumettre

substitute *n.* substitut (*n.m.*)

succeed *v.* réussir

successfully *adv.* avec succès

suddenly *adv.* tout à coup

suffer *v.* souffrir

sufficient *adj.* suffisant(e)

suggest *v.* suggérer

summary *n.* sommaire (*n.m.*)

summer *n.* été (*n.m.*)

summit *n.* sommet (*n.m.*)

sun *n.* soleil (*n.m.*)

supermarket *n.* supermarché (*n.m.*)

supply *v.* fournir

suppose *v.* supposer

sure *adj.* sûr(e)

surprise *v.* surprendre

surround *v.* entourer

survive *v.* survivre

swarm *n.* volée (*n.f.*)

swear *v.* jurer

swim *v.* nager

swimming *n.* natation (*n.f.*)

symbol *n.* symbole (*n.m.*)

sympathy *n.* sympathie (*n.f.*)

T

table *n.* tableau

tail *n.* queue (*n.f.*)

take *v.* prendre; **to take back** *v.* reprendre; **to take part** *v.* participer; **to take place** *v.* avoir lieu, se produire, survenir

talk *n.* causerie (*n.f.*); *v.* parler

tall *adj.* grand(e)

tamer *n.* dompteur (*n.m.*)

taming *n.* dressage (*n.m.*)

tap dancing *n.* danse à claquettes (*n.f.*)

tape *v.* enregistrer

tarantula *n.* tarentule (*n.f.*)

task *n.* tâche (*n.f.*)

taste *n.* goût (*n.m.*)

tattooer *n.* tatoueur (*n.m.*)

tattooing *n.* tatouage (*n.m.*)

team *n.* équipe (*n.f.*)

teammate *n.* coéquipier (*n.m.*), coéquipière (*n.f.*)

technical *adj.* technique

technician *n.* technicien (*n.m.*), technicienne (*n.f.*)

technology *n.* technologie (*n.f.*)

teenager *n.* adolescent (*n.m.*)

telejournalist *n.* téléjournaliste (*n.m.*, *f.*)

tell *v.* dire, raconter

term *n.* terme (*n.m.*)

terrifying *adj.* terrifiant(e)

terror *n.* terreur (*n.f.*)

testify *v.* attester de

text *n.* texte (*n.m.*)

thanks to *n.* grâce à; **thank you** merci

that *conj.* que; **that is** voilà; **that is (to say)** c'est-à-dire

theatre *n.* théâtre (*n.m.*)

then *adv.* alors, ensuite, puis

therapist *n.* thérapeute (*n.m.*, *f.*)

there is *prep.* voilà; *loc.* il y a

therefore *conj.* par conséquent, donc

thief *n.* cambrioleur, voleur

thing *n.* chose (*n.f.*)

think *v.* réfléchir

this is *prep.* voici; **this one** *dem. pron.* celui, celle

thorough *adj.* approfondie(e)

thousand *adj.* mille

threaten *v.* menacer

through à travers

throw *v.* lancer, jeter

ticket *n.* billet (*n.m.*)

tidy up *v.* ranger

time *n.* époque (*n.f.*), heure (*n.f.*), temps (*n.m.*), fois (*n.f.*); **time machine** *n.*

tempomobile; **at the time** au moment; **from time to time** de temps en temps; **part time** temps partiel; **to have a good time** *v.* s'amuser

timorous *adj.* peureux, peureuse

tire *v.* fatiguer

title *n.* titre; *v.* intituler

today *adv.* aujourd'hui

together *adv.* ensemble

tomorrow *adv.* demain; **as of tomorrow** à partir de demain

ton *n.* tonne (*n.f.*)

too much *adv.* trop

tooth *n.* dent (*n.f.*)

top (at the) *n.* (en) haut

touch *v.* toucher

toward *prep.* vers

town *n.* ville (*n.f.*)

trade *n.* métier; *v.* échanger

tragedy *n.* tragédie (*n.f.*)

trail *n.* piste (*n.f.*)

train *v.* entraîner, dresser

trainer *n.* dompteur (*n.m.*)

training *n.* formation (*n.f.*), dressage (*n.m.*)

trait *n.* trait (*n.m.*)

transfer *v.* transférer

transform oneself *v.* se transformer

transmit *v.* transmettre

trash (can) *n.* poubelle (*n.f.*)

travel agency *n.* agence de voyages (*n.f.*)

treasure *n.* trésor (*n.m.*)

treat *v.* traiter, soigner

treatment *n.* traitement (*n.m.*)

tree *n.* arbre (*n.m.*)

trick *n.* tour (*n.m.*)

trip *n.* voyage (*n.m.*)

true *adj.* vrai(e)

trunk (of animal) *n.* trompe (*n.f.*)

trust *n.* confiance (*n.f.*)

try *n.* essai (*n.m.*); *v.* essayer; **to try to** chercher à

turn *n.* tour (*n.m.*); **to turn brown** *v.* brunir; **to turn off** éteindre, fermer

turtle *n.* tortue (*n.f.*)

tusk (ivory) *n.* défense d'ivoire (*n.f.*)

twin *n.* jumeau (*n.m.*)

type *n.* genre (*n.m.*), sorte (*n.f.*)

typical *adj.* typique

U

unbridled *adj.* déchaîné(e)

under *prep.* sous

underground *adj.* souterrain(e)

underline *v.* souligner

understand *v.* comprendre

undertake *v.* entreprendre

undress *v.* (se) déshabiller

unexpected *adj.* inattendu(e)

unfair *adj.* injuste

unfold *v.* (se) dérouler

unfortunate *adj.* fâcheux, fâcheuse

unhappy *adj.* malheureux, malheureuse

unit *n.* unité (*n.f.*)

unknown *adj.* inconnu(e)

until *prep.* jusqu'à

untrue *adj.* faux, fausse

up to *adv.* jusqu'à

use *v.* se servir de, utiliser

useful *adj.* utile

usually *adv.* d'habitude

utilize *v.* utiliser

V

vacation *n.* vacances (*n.f. pl.*)

vaccination *n.* vaccin (*n.m.*)

vain *adj.* vaniteux, vaniteuse; **in vain** *loc.* en vain

variety *n.* variété (*n.f.*)

various *adj.* divers(e)

vast *adj.* vaste

vegetable *adj.* potager, potagère

verb *n.* verbe (*n.m.*)

verify *v.* vérifier

verse *n.* vers (*n.m.*)

very *adv.* très

veterinary *n.* vétérinaire (*n.m.*, *f.*)

viewpoint *n.* point de vue (*n.m.*)

visit *v.* visiter; *n.* visite (*n.f.*)

visitor *n.* visiteur (*n.m.*)

visual *adj.* visuel, visuelle

vocabulary *n.* vocabulaire (*n.m.*)

voice *n.* voix (*n.f.*)

volunteer *n.* bénévole (*n.m.*, *f.*), volontaire; **volunteer work** *n.* bénévolat (*n.m.*)

W

wait *v.* attendre

wake *v.* (se) réveiller

walk *v.* marcher; **to walk around** se promener

wallet *n.* portefeuille (*n.m.*)

want *v.* désirer, vouloir

warming *n.* réchauffement (*n.m.*)

warn *v.* avertir

warning *n.* avertissement (*n.m.*)

wash *v.* (se) laver

waste *n.* déchet (*n.m.*)

watch *v.* surveiller

water *v.* arroser; *n.* eau (*n.f.*)

watermelon *n.* melon d'eau (*n.m.*)

way *n.* façon (*n.f.*), moyen (*n.m.*), manière (*n.f.*); **one way** *n.* aller-simple; **on the way** en route; **to be under way** être en train

weak *adj.* faible

weakness *n.* faiblesse (*n.f.*)

wedding *n.* mariage (*n.m.*)

wedge *v.* coincer

week *n.* semaine (*n.f.*)

week-end *n.* fin de semaine (*n.f.*)

welcome *n.* bienvenue (*n.f.*)

well *adv.* bien

whale *n.* baleine (*n.f.*)

what *pron.* quoi; **what's more** *adv.* en plus; quel, quelle

wheel *n.* roue (*n.f.*); **small wheel** roulette (*n.f.*)

when *adv.* quand, alors que, où

where *adv.* où

which *adj.* quel, quelle, lequel, laquelle

while *conj.* tandis que, pendant

whisper *v.* chuchoter

white *adj.* blanc, blanche

who *pron.* qui

whole *adj.* entier, entière

why *adv.* pourquoi

wicked *adj.* méchant(e)

wild *adj.* déchaîné(e), sauvage

win *v.* gagner

wing *n.* aile (*n.f.*)

wink *n.* clin d'oeil (*n.m.*)

winter *n.* hiver (*n.m.*)

wisely *ad.* bien, sagement

wish *v.* vouloir, souhaiter

witch *n.* sorcière (*n.f.*)

with *prep.* avec

without *prep.* sans

witness *n.* témoin (*n.m.*)

woman *n.* femme (*n.f.*)

wonder *v.* s'étonner, se demander

wood *n.* bois (*n.m.*)

work *n.* oeuvre (*n.f.*), travail (*n.m.*); *v.* travailler

worked out *adj.* élaboré(e)

worker *n.* travailleur (*n.m.*), travailleuse (*n.f.*)

workshop *n.* atelier (*n.m.*)

world *n.* monde (*n.m.*); **world-wide** *adj.* mondial(e)

worried *adj.* inquiet, inquiète

worse *adj.* pire

worth (to be) *v.* valoir

wrap *v.* envelopper

wreck *n.* naufrage (*n.m.*)

write *v.* écrire; **to write down** noter, rédiger

writer *n.* écrivain (*n.m.*), écrivaine (*n.f.*)

Y

yard *n.* cour (*n.f.*)

year *n.* année (*n.f.*), an (*n.m.*)

yet *adv.* déjà

yoghurt *n.* yaourt (*n.m.*)

you *pron. pers.* toi

young *adj.* jeune

youth *n.* jeunesse (*n.f.*)

Z

Index des références

Références bibliographiques

Illustrations

p. 12 : Harvey Chen; pp. 14, 19 : Von Glitschka; pp. 16-17, 25 : Graham Bardell; p. 41 : Dwight Allott; p. 42 : Jun Park; p. 48 : Don Gauthier; pp. 49-50 : Kevin Ghiglione; p. 66 : Paul Gilligan; p. 73 : Pierre-Paul Pariseau; p. 81 : Michael Herman; p. 93 : Von Glitschka; pp. 105-110, 114-116, 122-123 : Clarence Porter; pp. 129, 132-134, 139-140, 143, 146-147 : David Bathurst; pp. 154-155 : Ted Nasmith; pp. 160-161 : Steve Attoe; pp. 166-168 : Graham Bardell; pp. 175-177 : Ted Nasmith; p. 179 : Margo Davies Leclair; p. 183 : Marlena Zuber

Photographie

pp. 7-9, 13, 16, 29-33, 37-38, 44-46, 49-50, 54, 84-85, 88-91, 102, 130-131, 138, 143, 145, 149, 157, 166, 179, 184-186 : Ray Boudreau

Photos

p. 10 : Ivy Images, Dick Hemingway; p. 11 : Mélanie Couture; p. 14 : Artbase, Inc.; p. 15 : skjoldphotographs.com; p. 20 : Dick Hemingway; p. 21 : skjoldphotographs.com; p. 22 : Dick Hemingway, Artbase, Inc.; p. 23 : Ivy Images, D. Pollack/First Light, Artbase, Inc.; p. 26 : Al Harvey; p. 27 : Tryke Industries, Kate Kunz; p. 32 : Artbase, Inc.; p. 53 : Artbase, Inc.; p. 55 : Hergé/Publiphoto; p. 57 : MPTV; p. 58 : MPTV, The Kobal Collection; p. 59 : MPTV, The Kobal Collection; p. 60 : Toho/MPTV; p. 61 : MPTV; p. 62 : David James/Universal/MPTV; p. 64 : Artbase, Inc.; p. 65 : MPTV; p. 68 : Dick Hemingway, The Kobal Collection; p. 69 : Dick Hemingway, MPTV; p. 70 : MPTV, Artbase, Inc.; pp. 74-75 : The Kobal Collection, Artbase, Inc.; pp. 77-79 : Christian Tremblay/Les Débrouillards; p. 81 : Artbase, Inc.; pp. 82-83 : Dick Hemingway, Artbase, Inc.; p. 83 : Al Harvey; p. 94 : Artbase, Inc.; p. 95 : Pasteur Mérieux Connaught Canada, L'Institut Pasteur; p. 96 : Artbase, Inc.; p. 97 : Stephen Marshall/University of Guelph, Artbase, Inc.; p. 101 : Kevin R. Morris/CORBIS; p. 103 : Owen Franken/CORBIS; p. 108 : Brown Brothers; p. 110 : Underwood & Underwood/CORBIS; p. 113 : Explorer Archives/Publiphoto, Edimédia/Publiphoto; pp. 114-115 : Otto Lang/CORBIS; pp. 116, 120-121 : S. Fiore/Publiphoto, Artbase, Inc.; p. 120 : The Granger Collection; pp. 122-123 : The Mariners' Museum/CORBIS; pp. 122, 124 : Hulton Getty/Liaison Agency; pp. 130-131 : Ivy Images; p. 131 : VALAN Photos, Masterfile; p. 136 : La Volée d'Castors; p. 145 Les Nubians/CD cover courtesy of EMI Music Canada; p. 149 : Susan Leopold/Masterfile; p. 151 : Jim Mann Taylor; p. 153 : Doug Perrine/Masterfile; p. 154 : Artbase, Inc.; pp. 155, 156-158 : Artbase, Inc.; p. 164 : The Granger Collection; p. 165 : J.A. Wilkinson/VALAN Photos, Winston Fraser/Ivy Images; p. 168 : Artbase, Inc.; p. 171 : Artbase, Inc.; p. 173 : Adam Jones/Masterfile; p. 174 : Dick Hemingway, Ivy Images, Al Harvey, G. Fontaine/Publiphoto, Jeff Greenberg/VALAN Photos; pp. 174-175 : Artbase, Inc.; p. 176 : Brad Ledwidge/North Shore News; p. 177 : Paul Freed/Animals Animals; p. 178 : Lili Okuyama/YTV, Artbase, Inc.; p. 179 : Anie Galipeau et Paul Brown, Artbase, Inc.; p. 181 : Halle Flygare/VALAN Photos; pp. 184-185 : David Woodfall/Tony Stone Images; p. 188 : V. Whelan/VALAN Photos; p. 189 : Artbase, Inc.

Remerciements

Pearson Education Canada tient à remercier les nombreux enseignants et enseignantes qui ont participé aux sessions de consultation sur ce projet au cours de l'automne 1999.

Les éditeurs tiennent à remercier toutes personnes qui se sont prêtées à nos séances de photos.

Les éditeurs ont tenté de retracer les propriétaires des droits d'auteurs de tout le matériel dont ils se sont servis. Ils acceptent avec plaisir toute information qui leur permettra de corriger les erreurs de références ou d'attribution.